YANN OPSITCH

LE DIEU
DE LA CRÉATION ET DE LA RÉVÉLATION

Éditions Horizons Chrétiens

Le Dieu de la création et de la révélation
Auteur : Yann Opsitch
ISBN-13 : 978-0-578-18357-2
Copyright © Yann Opsitch 2017. Tous droits réservés.
Éditions Horizons Chrétiens
PO Box 1537, Abilene TX 79604, USA
Editionshc@gmail.com

Copyright © Yann Opsitch 2017. *Tous droits réservés.*

TABLE DES MATIÈRES

Avant-propos 7

Chapitre 1 – La création — 9

Première hypothèse : l'univers et la vie sont le produit du hasard 10
Seconde hypothèse : l'univers et la vie sont l'œuvre de Dieu 19
La création et le principe anthropique 20
Le concept de complexité irréductible 21
Les mathématiques et la puissance de la Parole divine (*logos*, Jean 1.1) 23
La création et le surnaturel 25
Conclusion 31

Chapitre 2 – La révélation — 33

La création ne constitue pas une révélation morale 33
La conscience 34
L'anarchie comme critère 35
Le rôle de la conscience 36
L'idée d'une révélation divine est plausible 38
Plusieurs chemins dans la quête de Dieu 43
L'inspiration des Écritures 49
Conclusion 50

Chapitre 3 – Dieu — 51

L'importance des noms attribués à Dieu 53
La Bible révèle les attributs de Dieu 56
Le théisme biblique et le caractère de Dieu 67
L'apparition du péché et de la mort dans un monde parfait 68

Le plan de Dieu et la liberté des hommes 71
Objections au théisme biblique 72
Le théisme biblique et les fléaux naturels 77
Albert Camus : «Les Justes» et cinq conceptions
  erronées de Dieu 82
«Les Justes» et le terrorisme 86
Conclusion 89

Chapitre 4 – La question de l'évolution — 91

L'évolution des espèces 91
Le récit de la création vu comme une légende 91
Le récit de la création en Genèse est-il une légende ou
  un mythe ? 93
L'état actuel du Darwinisme 102
Le darwinisme et les diverses conceptions de
  l'évolution 103
Les méthodes pour estimer l'âge de la terre 107
À propos des méthodes radioactives 109
L'âge de la terre et le darwinisme 110
En quoi consistent les évidences en faveur du
  darwinisme ? 110
Évidences quant à l'évolution des espèces 111
La théorie darwinienne et la géologie 116
Des théories remises en question 120
La génétique 126
Les ramifications morales et sociales de la théorie
  darwinienne 130
L'importance du déluge 131
Conclusion 135

Chapitre 5 – La Bible et la santé — 137

La sexualité et l'immoralité 137
Les recherches de J.D. Unwin 141

Les maladies psychosomatiques 142
Les abus et la dépendance 144
Autres aspects médicaux de la Bible 144
Conclusion 146

Chapitre 6 – La Bible et l'archéologie   147

L'archéologie et l'Ancien Testament 149
Sem (Gen. 10.21-31) 156
Les patriarches et l'archéologie 158
Quelques exemples relatifs à la vie des patriarches 160
Textes égyptiens et autres découvertes 162
Couleur locale confirmée par l'archéologie 162
Les tablettes de Tell El-Amarna 171
Les plaies d'Égypte 172
La conquête de Canaan 177
Israël et les Assyriens 181
Les manuscrits de la mer Morte 187
Conclusion 188

Chapitre 7 – La Bible et l'éthique   189

L'éthique de l'Ancien Testament et la révélation divine 189
L'éthique de l'Ancien Testament et l'histoire 190
L'éthique de l'Ancien Testament et la notion d'alliance
   avec Dieu 190
L'éthique de l'Ancien Testament et la notion de choix
   divin 191
L'éthique et la pratique religieuse 193
L'Ancien Testament et la notion de récompense 194
Divers aspects de l'éthique dans l'Ancien Testament 195
L'éthique de l'Ancien Testament et l'enseignement de
   Jésus de Nazareth 196

Chapitre 8 – Conclusion   199

AVANT-PROPOS

Dans les cités de l'ancien Empire romain on affichait chaque jour, sur un mur du forum, les *acta diurna* où l'on notait les nouvelles de la journée. À Athènes, c'est aux pieds du Parthénon (sur la colline de Mars ou de l'Aréopage) qu'on se mettait ainsi au courant des dernières nouvelles. On peut y lire aujourd'hui en langue grecque l'inscription du discours de Paul sur la signification du message de Jésus et qu'il prononça vers l'an 51 de notre ère (le livre des Actes rapporte ce discours de Paul au chapitre 17 versets 22 à 31).[1]

Citant le poète grec *Aratus*, Paul annonce à ses auditeurs que les êtres humains sont tous de «*la lignée de Dieu*», que c'est en Dieu que «*nous avons la vie, le mouvement et l'être*». L'apôtre de Jésus dit aussi que les êtres humains cherchent Dieu au fond d'eux-mêmes, souvent en tâtonnant, bien qu'il ne soit pas loin de chacun d'eux.

Si telle est la nature humaine, on peut s'attendre à ce que tout effort pour réprimer cette quête de Dieu ou pour la nier aboutisse finalement au nihilisme.[2] En Occident nous serions parvenus à ce que certains appellent désormais «*le désenchantement du monde*», «*la perte du sens*» ou «*la fin de la religion*». Cette «*mort de Dieu*», déjà annoncée par Nietzsche, a-t-elle vraiment eu lieu ?

On attribue à André Malraux la remarque que «*le XXIe siècle sera religieux ou ne sera pas*». Il semble que cette intuition de l'écrivain français sur notre avenir spirituel est en train de se réaliser (s'il faut en croire ce qui se passe actuellement dans le monde entier et même en France). Pour ma part j'estime que l'événement spirituel le plus significatif de l'histoire humaine a été la venue de Jésus – le *logos* – dans notre monde et que cet événement n'a pas fini de nous surprendre.

Mes remerciements à Garrett McGilvray et Barry Baggott des Éditions C.E.B. pour la mise en page de ce livre ainsi que leurs relectures et vérifications minutieuse du texte et en particulier des références bibliques.

---

[1] Le livre des Actes se trouve dans le Nouveau Testament, la seconde partie de la Bible. On peut le consulter en ligne.

[2] C'est la thèse de Luc Langlois et de Yves Charles Zarka dans «*Les philosophies et la question de Dieu*». Collection Fondements de la Politique. Livre Numérique, 31/12/2015.

CHAPITRE 1

LA CRÉATION

« Au commencement Dieu créa les cieux et la terre. »
Genèse 1.1

« Sur l'origine de la vie, convenons sans ambages que nous ne savons rien... nous ne possédons pas l'ombre d'un fait positif. »
Jean Rostand[1]

« Les constantes fondamentales de la nature et les conditions initiales qui ont permis l'apparition de la vie paraissent réglées avec une précision vertigineuse. »
Grichka Bogdanov et Igor Bogdanov[2]

D'où vient l'univers ? L'univers a-t-il toujours existé ou a-t-il eu un commencement ? D'où vient la vie sur terre ? Est-elle le résultat de la chance ? Ou bien, est-elle l'œuvre d'une intelligence suprême douée d'une puissance illimitée ? Il nous faut choisir l'une de ces hypothèses. Quelle hypothèse choisirons-nous ? D'après quel raisonnement choisirons-nous l'une de ces deux hypothèses ?

▶ **Au départ nous avons deux hypothèses :**

1. L'univers/la vie apparurent par hasard.

2. L'univers/la vie furent créés par une intelligence suprême (Dieu).

On pourrait aussi émettre ces deux hypothèses de la manière suivante : « Je crois que l'univers est apparu par hasard, sans l'intervention

---

[1] Jean Rostand, *Ce que je crois*, Paris, Grasset 1953
[2] *Dieu et la Science,* entretiens avec Igor et Grichka Bogdanov Jean Guitton (Auteur) Igor Bogdanov (Auteur) Grichka Bogdanov (Auteur) Grasset, mai 1991.

de Dieu. » Ou : « Je crois que l'univers a été créé par Dieu, qui est un être intelligent et tout puissant. » Laquelle de ces deux hypothèses est la plus vraisemblable ?

PREMIÈRE HYPOTHÈSE : L'UNIVERS ET LA VIE SONT LE PRODUIT DU HASARD

Certains acceptent d'emblée et sans difficulté l'hypothèse selon laquelle l'univers et la vie seraient apparus par hasard. Ces derniers diront sans doute que de toute manière Dieu n'existe pas… donc l'univers est simplement apparu par hasard ! Mais comment sait-on que Dieu n'existe pas ? Qui a traversé tout l'univers pour pouvoir déclarer que Dieu n'est pas quelque part dans l'univers ? (Il faut 100 000 années pour traverser notre galaxie à la vitesse de la lumière – 300 000 km seconde…) Qui sommes-nous pour être aussi péremptoires quant à l'inexistence de Dieu ?

L'univers et la vie sur terre sont-ils apparus par hasard ? Une façon populaire de définir cette « croyance » est de dire que tout ce qui existe dans l'univers serait le fruit du hasard et de la nécessité (par exemple Jacques Monod, *Le Hasard et la Nécessité*, Éd. du seuil Novembre 1970).

On peut croire que les mutations constatées dans la création sont le fruit du hasard et de la nécessité, mais comment expliquerons-nous la logique de ces mutations ? Le hasard est aveugle, mais pourtant il peut faire des choses étonnantes ! Créer la matière à partir de rien ; faire que cette matière devienne vie ; faire que les différentes formes de vie s'organisent d'une manière hautement complexe. Le hasard peut tout, fait tout, explique tout. On préfère cela à une explication qui constate le lien entre un monde organisé (comme le serait une usine, une machine, un langage) et l'hypothèse d'une intelligence à l'origine de ce monde.

▶ **Les constantes de l'univers**

L'univers ne doit son existence qu'à l'existence de forces (ou constantes) précisément réglées au point que d'infimes modifications de ces constantes rendraient impossible l'existence des galaxies, des étoiles, du système solaire ou de la vie sur terre.

Ces constantes, qui sont au nombre d'environ 200, attestent d'une extraordinaire organisation, et qui dit organisation dit intelligence. Elles ne peuvent en aucun cas être attribuées au hasard ou aux milliards d'années qu'on attribue à l'univers.

En voici quelques exemples :

- **Une force de gravitation plus forte** ne permettrait que la formation des étoiles massives ayant une vie beaucoup plus courte que le soleil. De ce fait la vie n'aurait pu se développer sur terre.

- **Une force électromagnétique plus faible** ferait que les liens entre les électrons et les noyaux seraient moins solides, ce qui empêcherait la chimie de la vie.

- **Une interaction nucléaire forte moins intense** ferait que protons et neutrons ne pourraient s'assembler. Il n'y aurait pas d'élément plus lourd que l'hydrogène, donc pas de vie (l'hydrogène est l'élément chimique le plus simple avec l'atome le plus léger).

- **Une interaction nucléaire faible plus faible** ferait que les neutrons ne se désintégreraient pas et que l'univers serait rempli d'hélium. L'hydrogène indispensable à la vie serait absent.

On peut donc à juste titre se poser la question suivante : « Pourquoi les constantes de notre univers sont-elles si bien réglées qu'elles ont pu amener l'émergence de la vie intelligente…? Il semblerait que notre univers a exactement les propriétés requises pour que l'homme – ou plus généralement la vie – puisse apparaître. »[3]

L'univers possède les propriétés nécessaires à l'apparition de la vie, et telle semble être sa raison d'être (voyez plus loin le principe anthropique). Dit autrement, c'est notre existence qui *a posteriori* fait que notre univers et ses lois doivent être de la manière qu'ils sont.

Les constantes aux origines de l'univers et de la vie sur terre confirment le premier verset de la Bible qui fait dépendre l'existence de

---

[3] Podcastscience.fm : https://www.podcastscience.fm/dossiers/2011/01/06/dossier-les-constantes-fondamentales-de-lunivers/

l'univers d'une action de Dieu. Bien entendu, le texte biblique qui évoque le « commencement » de la création (Genèse 1.1) ne constitue pas un énoncé scientifique, lequel reste de toute manière du domaine de la spéculation et ne peut sans doute pas être parfaitement décrit dans toute sa complexité par le simple mot « commencement ».

▶ L'expérience de Stanley Miller

En mai 1953 Stanley Miller fit une expérience très intéressante. Les résultats de cette expérience furent immédiatement interprétés par la presse comme *la création de la vie par le hasard*. Enfin la théorie que la vie pouvait survenir par hasard venait d'être prouvée.

Par définition le hasard est ce qui est non délibéré, ce qui est domaine des « circonstances ». Était-ce le cas pour cette expérience ? Le docteur Miller, dans cette expérience, fit la synthèse d'un acide aminé. Il fit la synthèse d'une matière organique à partir d'éléments chimiques non organiques. Il dut faire de nombreux calculs pour obtenir le résultat désiré et utiliser un certain nombre d'appareils de laboratoire. Peut-on classifier le résultat comme « non délibéré » et circonstanciel ? Peut-on dire que « la vie » fut créée par le hasard ?

Que peut-on conclure de cette expérience ?

1.- On peut obtenir une matière organique à partir d'éléments non organiques.

2.- Il faut une intelligence, des calculs complexes et délibérés, des instruments de laboratoire pour obtenir la synthèse d'un acide aminé.[4] Pourtant, une cellule beaucoup plus complexe ou l'être humain (qui réfléchit) seraient le produit du hasard.

3.- Rien ne fut véritablement « créé », car le savant dut utiliser des éléments de la nature qui existaient déjà et sans lesquels il n'aurait pas pu mener à bien son expérience. Ce que nous voulons voir, c'est

---

[4] Les acides aminés jouent un rôle crucial dans la structure, le métabolisme et la physiologie des cellules de tous les êtres vivants connus ; les protéines de tous les êtres vivants connus ne sont constituées – à quelques exceptions près – que de 22 acides aminés différents.

un savant qui puisse faire apparaître la vie sans rien, sans laboratoire, sans calcul, sans matière première : c'est cela que la Bible entend par création dans Genèse 1.1 (le mot hébreu qui est utilisé veut dire « créer à partir de rien », *ex nihilo* – « rien » que nous connaissons par nos sens ou par l'expérience que nous avons du monde et de la vie, mais non pas « rien » d'une manière absolue, puisque Dieu est déjà là au moment de la création).

4.- Le résultat de cette expérience ne peut certainement pas être appelé un « être vivant ».

▶ **Rémy Chauvin**

« Il nous faut maintenant exorciser le spectre du Hasard. Car au fond de tous nos désespoirs contemporains se niche l'idée que ce monde serait né par hasard, qu'il aurait pu être tout autre, et que la vie n'a pas de sens. Tel est le fond de l'attitude nihiliste de Monod, et de tant d'autres. Heureusement, je l'ai dit, la science apporte à l'homme un point de vue critique sur le monde, elle a le pouvoir de chambouler bien des positions métaphysiques et des idées reçues. Or, cette attitude de doute radical, de nihilisme bien élevé, apanage des esprits raisonnables et posés, ne résiste pas à l'épreuve des faits. **Le recours au hasard est une solution facile, une réponse trop rapide à une question mal posée.** Cela se veut matérialiste, rationaliste, réaliste, mais s'il s'agit finalement de sortir de son chapeau un concept comme le hasard, qui possède tous les atouts de la métaphysique, sauf le nom, à quoi bon rester sur ce terrain ? Je m'en tiendrai aux faits. »[5]

▶ **Charles-Eugène Guye**

Pensons encore aux implications de *la théorie de l'univers créé par le hasard*. Dans le domaine scientifique, une telle théorie tient plus de l'absurde que d'autre chose. La science a découvert une molécule de base de la vie, l'ADN (l'acide désoxyribonucléique). L'ADN est une molécule très complexe en elle-même, sans laquelle il n'y aurait

---

[5] Rémy Chauvin, *Dieu des fourmis, Dieu des étoiles*. Éditions le Pré aux Clercs, 1988.

pas de vie. L'ADN a beaucoup à voir avec la constitution et même la constitution génétique de chaque être vivant.

C'est une molécule qui contient plus de 40 000 atomes. L'ADN est complexe, mais elle est elle-même constituée d'autres éléments très complexes. Un de ces éléments est la protéine. Cette protéine doit ensuite se combiner avec bien d'autres constituants pour former l'ADN qui est, elle-même, la molécule de base essentielle à toute vie. Ceci est très révélateur pour ce qui est de l'apparition de la vie sur la terre. Beaucoup estiment que la terre est vieille de plus de 5 milliards d'années. Même si cela était vrai, ce n'est pas là un temps suffisant pour qu'un ADN soit créé par « hasard ». Ainsi en témoignent de nombreux savants. La probabilité que ces cinq éléments (carbone, hydrogène, nitrogène, oxygène, soufre) puissent se réunir pour former une molécule, la quantité de matière qui doit être continuellement agitée, et le temps nécessaire pour finir la tâche peuvent tous être calculés. Charles-Eugène Guye, mathématicien suisse, a fait le calcul et a découvert que les probabilités qu'une seule molécule puisse se former ainsi d'une manière spontanée est de 10 puissance 160 contre 1 – ou seulement une chance sur 10 puissance 160 (c'est-à-dire 10 multiplié par lui-même 160 fois) : un chiffre bien trop important pour être exprimé par des mots. La quantité de matière que l'on devrait agiter pour produire une seule molécule de protéine serait des millions de fois plus importante que celle contenue dans tout l'univers. Pour que cela se produise sur la terre uniquement exigerait de nombreux milliards d'années, en fait un nombre pratiquement infini.[6]

▶ Fred Hoyle

Ce fut aussi le point de vue de l'astronome Fred Hoyle (1915-2001), qu'il exposa dans son livre *The Intelligent Universe*, publié en 1983, et où il écrit qu'il n'y a

> « … aucune chance qu'une sélection par le hasard ait pu produire et organiser les 2 000 enzymes nécessaires à la vie ; le calcul

---

[6] Frank Allen, « The Origin of the World by Chance or Design ? » *The Evidence of God in an Expanding Universe*, de John Clover Monsma, p. 23.

mathématique donnant une probabilité de l'ordre de 1 sur 10 puissance quarante mille ».

▶ **Alexandre Oparine**

Alexandre Oparine, savant russe, s'exprime ainsi :

« Faire allusion au coup de chance, qui parmi des billions et des quadrillons de combinaisons, a pu former par hasard justement cette séquence indispensable qu'exige la synthèse des protéines est "irrationnel". La structure de ces protéines est non seulement très compliquée, mais elle est aussi extrêmement bien adaptée à l'accomplissement des fonctions catalytiques définitives qui jouent un rôle important dans la vie de l'organisme tout entier ; cette structure est strictement conçue dans ce but, pour cela. Une telle adaptation à sa fonction biologique, une telle structure conforme à son but caractérisent aussi les acides nucléiques des organismes actuels, et qu'elles soient apparues par hasard est aussi impossible que l'assemblage par hasard, à partir de ces éléments, d'une usine capable de sortir n'importe quel produit particulier. »[7]

▶ **Alfred Kastler**

Le physicien Alfred Kastler est d'accord avec cela. Lorsque la question lui est posée, il cite le scientifique François Jacob à l'appui de son argument :

« Que l'évolution soit due exclusivement à une succession de microévénements, à des mutations survenant chacune au hasard, le temps et l'arithmétique s'y opposent. Pour extraire une roulette, coup par coup, sous-unité par sous-unité, chacune des quelque cent mille chaînes protéiques qui peuvent composer le corps d'un mammifère, il faut un temps qui excède, et de loin, la durée allouée au système solaire… »[8]

L'idée d'un créateur n'est pas étrangère au grand physicien qu'est Alfred Kastler. Il dit de cette idée : « Elle ne m'est pas étrangère

---

[7] Alexandre Oparine, Masson Ed. 1965, « L'origine de la vie sur la terre », p. 2.
[8] C. Chabanis « Dieu existe-t-il ? Non » p. 20. Voir F. Jacob « La Logique du vivant » p. 329.

parce que je ne peux pas, et personne ne peut comprendre l'univers sans une finalité. » C'est là le point de vue d'un grand scientifique qui confirme que l'idée d'un créateur n'est pas une idée absurde en soi.

Kastler dit aussi :

« Le seul but que se proposent les savants n'est pas d'expliquer les phénomènes, de répondre à la question pourquoi mais simplement à la question comment. Le savant se borne à décrire ce qui se passe. » (Alfred Kastler. Ibid. p. 22)

▶ **Louis Pasteur**

Louis Pasteur affirmait déjà que la génération (l'apparition) spontanée de la vie sur terre est une impossibilité : Le 7 avril 1864 Louis Pasteur présente le résultat de plusieurs années de recherche lors d'une conférence à la Sorbonne. Il démontre alors la fausseté de la théorie de génération spontanée. Celle-ci consistait à penser que certains êtres vivants, dont les micro-organismes étudiés par Pasteur, naissaient de manière spontanée, simplement par l'alliance de facteurs externes et sans aucun recours à d'autres substances organiques. Or, en présentant ses travaux, Pasteur démontre que ces organismes sont issus de germes déjà existants.[9]

▶ **Le philosophe Antony Flew**

Le célèbre philosophe anglais Antony Flew (1923-2010) explique dans son livre *There is a God : How the Most Notorious Atheist Changed His Mind* (Il y a un Dieu : comment l'athée le plus célèbre changea d'avis) que c'est la science qui l'a finalement conduit à changer d'avis et à postuler l'existence de Dieu. Flew cite George Wald, titulaire du prix Nobel de médecine en 1967, lorsqu'il répond à la question des origines de la vie : « Face à cette question nous choisissons de **croire** l'impossible : que la vie est apparue par hasard et de façon spontanée. »

---

[9] http://www.linternaute.com/histoire/jour/evenement/7/4/1/a/54306/pasteur_s_oppose_a_la_generation_spontanee.shtml.

Le professeur Flew explique qu'il fut amené à croire en l'existence d'une intelligence suprême à l'origine de la vie en étudiant de près les mécanismes d'information au cœur du code génétique[10] – code

> « … reposant notamment sur la correspondance entre, d'une part, des triplets de nucléotides, appelés codons, sur l'ARN messager et, d'autre part, les acides aminés protéinogènes incorporés dans les protéines synthétisées lors de la phase de traduction de l'ARN messager par les ribosomes. »[11]

Des mécanismes d'information et de « traduction » aussi complexes ne peuvent être que le produit d'une intelligence bien supérieure à tout ce que nous pouvons imaginer. Ainsi, l'affirmation biblique d'une création de l'univers et de la vie nécessitant une source intelligente ne va pas à l'encontre de la science ; bien au contraire, cette affirmation est confirmée par la science.

▶ C.S. Lewis[12]

C.S. Lewis souligne le fait que personne n'est en mesure de parler de l'existence ou de l'inexistence de Dieu en se fondant sur la raison humaine si cette raison humaine n'est que le produit du hasard :

> « Supposons qu'il n'y ait pas une intelligence à l'œuvre derrière l'univers ; dans ce cas, personne n'a conçu mon cerveau dans le but de pouvoir raisonner. Ce que j'appelle "raisonnement" n'est que le produit d'un arrangement fortuit d'atomes à l'intérieur de mon crâne ; pour des raisons physiques ou chimiques ces atomes se sont organisées d'une certaine manière, ce qui me donne cette sensation que j'appelle "pensée". Mais si tel est le cas, comment puis-je avoir confiance en la véracité de ma pensée ? Cela ressemblerait à secouer une bouteille de lait en espérant que le lait qui sortirait de la bouteille produirait une carte de Londres. Or si je ne peux pas avoir de certitude concernant ma propre pensée, je ne peux

---

[10] Antony Flew, *There is a God*, Ed. New York, Harper Collins, 2007, p. 131.
[11] https://fr.wikipedia.org/wiki/Code_génétique
[12] C.S. Lewis, professeur de littérature à Oxford et Cambridge, auteur et théologien (1889-1963).

donc pas avoir de certitude quant aux arguments qui conduisent à l'athéisme ; ainsi, je n'ai aucune raison pour être athée ou quoi que ce soit d'autre. À moins de croire en Dieu, je ne peux pas croire en la raison ; donc je ne peux jamais faire appel à la raison pour ne pas croire en Dieu. »[13]

▶ **Albert Camus**

L'écrivain français Albert Camus met le doigt sur la question qu'évoquait Lewis, lorsqu'il dit ceci :

« Je ne suis pas un philosophe. Je ne crois pas assez à la raison pour croire à un système. Ce qui m'intéresse, **c'est de savoir comment on peut se conduire quand on ne croit ni en Dieu ni en la raison.** »[14]

Sans foi en Dieu et en la raison, la question de la conduite personnelle des êtres humains reste fondamentalement sans réponse ; elle reste une question qu'on ne cessera jamais de débattre sans vraiment arriver à conclure. En outre, sans un critère de comportement qui se situe plus haut que les critères établis par les êtres humains, on s'expose à l'arbitraire des opinions humaines ; on aboutit inévitablement à une « morale » totalitaire imposée par la force. C'est ce qui arrive dans tous les systèmes où l'on place des normes morales humaines comme étant supérieures à d'autres normes morales humaines.

Dans les années cinquante Albert Camus passa près d'une année à discuter avec le Dr Howard Mumma, pasteur méthodiste de l'Église américaine à Paris. Ces discussions sont rapportées dans le récit qu'en a laissé Mumma dans son ouvrage *Albert Camus and the Minister* (Paraclete Press, Massachussetts 2000). L'une des questions que l'écrivain français posa au pasteur américain fut celle-ci : « Dis-moi, Howard, est-ce que la Bible apporte un éclairage sur les problèmes du monde actuel ? » Mumma répondit par ces mots :

---

[13] C.S. Lewis, *The Case for Christianity*, p. 32. (Traduit de l'anglais par Yann Opsitch.)
[14] Interview au journal "Servir", 1945.

« La Bible dit que nous sommes membres les uns des autres et que si un membre souffre, les autres membres souffrent aussi. Je pense que cet enseignement biblique nous apprend que les nations ne devraient jamais s'engager dans des actes qui sont économiquement ou financièrement au détriment d'autrui, même si ces actes leur procurent un gain.

— Comme cela est vrai ! répondit Camus. »[15]

Lors de ses entretiens avec le pasteur Mumma, Camus ne prend jamais de haut son interlocuteur ou le texte biblique. Il ne donne jamais l'impression que le texte biblique oblige le lecteur à sacrifier son intelligence ou sa réflexion personnelle. Il accepte le conseil de Mumma qui lui dit d'aborder les textes bibliques en tenant compte de la spécificité des genres littéraires qu'on trouve dans les soixante-six livres de la Bible (textes historiques, poèmes, hymnes, lettres, récits évangéliques, etc.).[16]

SECONDE HYPOTHÈSE : L'UNIVERS ET LA VIE SONT L'ŒUVRE DE DIEU

Voyons-nous dans l'univers et dans la nature des phénomènes qui rendent vraisemblable l'idée d'un créateur intelligent ?

▶ **La dimension de la terre et sa masse**

Si la terre n'avait pas la dimension et la masse qui lui sont propres, la vie sur terre serait impossible. Ce sont des facteurs essentiels qui permettent la gravité de se maintenir, et c'est de la gravité que dépend la stabilité atmosphérique autour de la terre. Cette atmosphère protège toutes les formes de vie des effets destructifs des rayons solaires ; cette atmosphère est aussi une protection indispensable contre les météores qui volent constamment dans l'univers.

Songeons au rôle important de l'atmosphère pour la protection de la vie sur terre contre les dangers de l'espace. Ajoutons que la gravité

---

[15] *Albert Camus and the Minister*, Howard Mumma (Paraclete Press, 2000, p. 37).
[16] *Le Cœur et l'Invisible*, Yann Opsitch, Ed. HC 2016.

de la terre joue un rôle important sur des éléments chimiques indispensables à la vie des plantes et des animaux, et à leur métabolisme. La gravité garde ces éléments près de la surface de la terre, à la portée des animaux et des plantes.

▶ **L'inclinaison de la terre entre 23,8° et 24,6°**

L'inclinaison de la terre est aussi très importante. Si cette inclinaison de la terre était différente, les régions polaires seraient inhabitables. Les conséquences seraient catastrophiques. Des vents très violents se précipiteraient de l'équateur aux régions polaires, et la vie, qui est tellement dépendante des saisons, ne pourrait plus compter sur les saisons… car il n'y aurait plus dans ce cas de saisons.

▶ **Les mers et les océans**

75 % de la surface terrestre est couverte d'eau. Ceci rend possibles les cycles de la condensation des nuages et de la pluie qui sont indispensables à toute vie sur la terre. La construction moléculaire de l'eau (H_2O) permet que l'eau gèle d'abord à la surface, ce qui permet à certaines plantes et à certains poissons de survivre pendant l'hiver. Ainsi, la vie ne pourrait se développer sur terre ou y subsister si toutes les conditions voulues n'étaient pas remplies.

Tous ces phénomènes montrent-ils que la terre fut créée par hasard ? Ou bien, indiquent-ils une qu'une intelligence fut à l'œuvre dans le processus de création ? Et nous n'avons pas mentionné d'autres merveilles de la nature comme la reproduction des abeilles, les cycles du carbone et du phosphore, le métabolisme de l'homme et les lois de l'électricité, les merveilles de l'astronomie et tant d'autres choses qui montrent la nécessité d'une intelligence derrière la création.

LA CRÉATION ET LE PRINCIPE ANTHROPIQUE

L'expression *principe anthropique* (du grec *anthropos*, homme) est apparue pour la première fois en 1973 dans les écrits de Brandon Carter, astrophysicien, lors d'un symposium scientifique qui s'est tenu à Cracovie.

Selon Carter, « bien que notre position dans l'univers ne soit pas nécessairement centrale, elle est inévitablement privilégiée dans une certaine mesure ».[17]

Carter a défini deux formes du principe anthropique, une forme « faible » qui se réfère uniquement à la sélection anthropique des lieux spatiaux privilégiés dans l'univers et une forme « forte » plus controversée qui porte sur les constantes fondamentales de la physique. La forme faible souligne le fait que des conditions précises existent qui permettent l'existence de la vie (intelligente) sur Terre. Brandon Carter et Robert Dicke ont fait appel à ce principe pour résoudre le problème des diverses relations numériques observées entre les constantes physiques (telles que la constante gravitationnelle, la masse du proton, l'âge de l'univers); un certain nombre de ces relations ne sont observées qu'à l'époque actuelle de l'histoire de la Terre.

En ce qui concerne la forme « forte » du principe anthropique, on peut rappeler les implications émises par le mathématicien John Barrow à propos des constantes qui permettent la vie sur terre et l'émergence de l'être humain. Selon le mathématicien, ces constantes n'ont aucune possibilité d'exister par le simple fait du hasard si l'on en calcule les probabilités.

LE CONCEPT DE COMPLEXITÉ IRRÉDUCTIBLE

L'expression « complexité irréductible » a été introduite par le biochimiste Michael Behe dans son livre *Darwin's Black Box* (1996). Il s'agit d'un système unique qui se compose de plusieurs éléments qui interagissent et contribuent aux fonctions de base; l'élimination de l'un quelconque de ces éléments fait que le système cesse effectivement de fonctionner.

Le professeur Behe utilise l'analogie d'une souris d'ordinateur pour illustrer ce concept. Elle se compose de plusieurs pièces en

---

[17] Carter, B. (1974). « Large Number Coincidences and the Anthropic Principle in Cosmology ». *IAU Symposium 63 : Confrontation of Cosmological Theories with Observational Data. Dordrecht : Reidel. pp. 291-298;* republished in *General Relativity and Gravitation* (Nov. 2011), Vol. 43, Iss. 11, p. 3225-3233, with an introduction by George Ellis.

interaction : la base, la prise, le ressort et le marteau, qui doivent être en place pour que la souris fonctionne. L'élimination d'un seul élément détruit la fonction de la souris. Les complexités irréductibles sont multiples et ont pu être observées à tous les niveaux de l'univers et de la vie sur terre. La *sélection naturelle* ne pourrait pas créer des systèmes irréductibles et complexes, car la fonction sélectionnable n'est présente que lorsque toutes les pièces sont assemblées. Behe mentionne les mécanismes biologiques irréductibles et complexes tels que la coagulation du sang et le système immunitaire.

Ranko Skoric rappelle aussi ce principe lorsqu'il écrit que «l'univers n'est pas assez vieux et ne possède pas suffisamment de matière disponible pour voir apparaître "par hasard" une seule cellule».[18] La probabilité qu'une seule cellule ait pu apparaître «par hasard» est de l'ordre sauvant :

$$Probabilité = \frac{10^{121}}{10^{100\,000\,000\,000}} = 0$$

Ainsi, plus la science avance, plus elle met en avant une complexité et une organisation qui rend mathématiquement impossible l'apparition de l'univers ou de la vie par hasard, sans le concours d'une intelligence créatrice. L'idée de Dieu créateur de l'univers n'est donc pas absurde, mais concorde avec ce que nous constatons dans l'univers.

Dans son livre *The Origin of Species*, Charles Darwin émet des doutes sur la possibilité qu'un organe aussi complexe que l'œil humain ait pu évoluer. Il émet d'autres doutes semblables dans le chapitre 6 de son livre.[19] Darwin pensait que des découvertes ultérieures à sa théorie prouveraient son exactitude. Or, cette complexité de l'œil n'est rien en comparaison de la complexité d'information au cœur du vivant – chose que Darwin ignorait et dont la découverte ne remonte qu'aux soixante dernières années avec les découvertes de

---

[18] *Not by Chance! Astronomy and God,* Ranko Skoric, Ed. Patricia Salisbury.

[19] « The eye to this day gives me a cold shudder. To think the eye has evolved by natural selection, seems, I freely confess, absurd in the highest possible degree. » http://www.windowview.org/sci/pgs/o9doubts.html

James Watson et Francis Crick relatives à la structure de l'ADN et l'information génétique.

LES MATHÉMATIQUES ET LA PUISSANCE DE LA PAROLE DIVINE (*logos*, Jean 1.1)

Derrière les mécanismes élémentaires qui semblent régir le monde observable, des réalités beaucoup plus complexes sont à l'œuvre au cœur du mystère de la vie et de notre existence.

Dans la Bible le livre des Proverbes atteste que c'est l'intelligence, la « science », de Dieu qui est à l'œuvre au cœur du mystère de la vie et de son origine :

> « J'ai été établie [la sagesse, l'intelligence] depuis l'éternité, dès le début, avant même que la terre existe… Lorsqu'il a disposé le ciel, j'étais là [la sagesse, l'intelligence] ; lorsqu'il a tracé un cercle à la surface de l'abîme, lorsqu'il a placé les nuages en haut et que les sources de l'abîme ont jailli avec force, lorsqu'il a fixé une limite à la mer pour que l'eau n'en franchisse pas les bornes, lorsqu'il a tracé les fondations de la terre, j'étais [la sagesse, l'intelligence] à l'œuvre à ses côtés. » (Proverbes ch. 8)

Cette *science* ou *sagesse* de Dieu à l'origine de la vie est appelée *parole* ou *verbe* dans l'Évangile (du grec, *logos* qui signifie non seulement parole, mais aussi raison, science). Dans le processus de la création, le texte biblique fait chaque fois intervenir la parole divine (« Et Dieu dit… », Genèse 1.3) ; cette parole, comme pour la parole humaine, est l'expression d'une pensée, d'une intelligence. Par cette notion de « parole » à l'origine du cosmos et de la vie, le texte biblique veut souligner la science, l'intelligence, qui fut à l'origine du monde et de la vie. Lorsqu'on lit « Dieu dit » (Genèse chapitre 1), il faut imaginer à l'intérieur de cette évocation d'une parole celle d'une intelligence, voire des formules mathématiques complexes ou des concepts de la physique que nous n'avons découverts que récemment. Ainsi, Paul Dirac (1902-1982), prix Nobel de physique et mathématicien ainsi que pionnier de la mécanique quantique, disait que « Dieu a employé la beauté des mathématiques pour créer le monde ».

À cet égard le texte biblique est unique et diffère des mythes antiques qui postulent toujours l'existence de la matière, de l'univers, de la vie avant même la création du monde.

Mais dans la Bible il y a un *commencement* à l'univers, au monde. Il y a non pas une transformation de ce qui existait déjà, mais une « création » de ce qui n'existait pas (en Genèse 1.1, le verbe hébreu *barah* est traduit par « créa » en français ; ce verbe signifie « donner l'existence à partir de rien » ; en outre, le verbe *barah* est employé 18 fois dans l'Ancien Testament et s'applique toujours à Dieu).[20]

Malgré le fait que l'univers soit en expansion – d'où la théorie du *Big Bang* qui implique un commencement à l'univers – on trouve, chez certains personnes, une résistance à l'idée d'un commencement à l'univers (Genèse 1.1). Par conséquent on postule aujourd'hui dans certaines milieux scientifiques que l'univers est, sera et a toujours été infini (selon cette théorie notre univers aurait déjà été infini au moment du Big Bang). C'est la théorie de *l'inflation éternelle* selon laquelle notre univers infini en expansion n'est en fait qu'une partie d'un *multivers* lui aussi infini et en inflation éternelle.

Il est vrai que bien des théories sont possibles à partir du moment où nous entrons dans le domaine de la physique quantique. En effet, la physique quantique dépasse de loin notre entendement, puisqu'elle n'a rien à voir avec la physique macroscopique (les notions de masse, de présence, d'état, de vitesse sont largement remises en cause à cette échelle). Mais tout cela ne contredit en rien le texte biblique qui postule un Dieu éternel et qui habite une lumière inaccessible : « Il est le seul à posséder l'immortalité, *lui qui habite une lumière inaccessible et qu'aucun homme n'a vu ni ne peut voir* » (1 Timothée 6.16).

Ainsi, le postulat de l'Écriture selon lequel Dieu est à l'origine de la création, qu'il est le créateur (Genèse 1.1) n'est ni absurde ni contraire à ce que nous savons du monde naturel dans lequel nous vivons et que nous observons. Mais cela ne signifie pas que les textes bibliques qui se réfèrent à la création sont des textes qui décrivent

---

[20] *Le Cœur et l'Invisible,* Yann Opsitch, Editions HC, 2013. pp. 106-107

d'une manière scientifique ce qui « fut » ou ce qui s'est passé au moment de la création et par la suite, ou qui décrivent d'une manière scientifique l'ensemble des espèces animales et comment elles ont pu se transformer au cours du temps (comme je l'explique dans le chapitre qui traite de l'évolution, il faut distinguer entre la notion d'évolution des espèces et celle d'évolution darwinienne des espèces).

L'essentiel de ce que l'Écriture enseigne concernant la création a trait à la nature spirituelle et morale des êtres humains dans leur rapport avec Dieu et les uns avec les autres. En Genèse chapitre 1 l'homme et la femme sont d'une espèce distincte et créés à l'image du créateur, non pas pour des raisons scientifiques, mais pour des raisons spirituelles et morales. Le récit de la Genèse fait partie de la *Torah*, de la loi ; il constitue le fondement de l'anthropologie biblique non seulement sur le plan de l'individu, mais aussi et surtout sur le plan familial et social. Les êtres humains devront se rappeler qu'ils ont une responsabilité morale les uns envers les autres et envers Dieu. Ils devront comprendre qu'en voulant être « comme Dieu », ils ne feront que devenir des instruments du mensonge et de la mort. Ils devront se souvenir qu'ils ont une responsabilité dans leur rapport à la création, qu'il s'agisse du monde animal ou végétal. Tout cela, et bien plus, constitue le message essentiel des trois premiers chapitres de la Genèse, et c'est ce message essentiel que soulignent les nombreuses références bibliques à la création.[21]

LA CRÉATION ET LE SURNATUREL

J'aborde au chapitre quatre la question de l'évolution des espèces animales et végétales et les notions darwiniennes d'une apparition spontanée de formes de vie rudimentaires (lesquelles sont en fin de compte beaucoup plus complexes que Darwin pouvait imaginer) puis l'hypothèse d'un développement de nouvelles espèces à partir de ces espèces vivantes rudimentaires par un processus de multiplication et de variation, permettant aux espèces plus résistantes de survivre

---

[21] Genèse 1.1 ; 1.26 ; Ésaïe 37.16 ; 40.26 ; Jérémie 10.12 ; 32.17 ; Matthieu 19.4-6 ; Jean 1.1-3 ; Colossiens 1.16 ; Hébreux 11.3 ; Romains 1.20 ; 8.19-22 ; 1 Timothée 4.4 ; Psaume 90.2 ; 2 Pierre 3.5 ; Apocalypse 4.11.

et aux moins résistantes de disparaître.[22] Cette vision de l'origine de la vie des espèces animales implique en outre que l'origine de la vie puis des êtres humains remonterait à des millions d'années sur une terre dont on estime à présent l'origine à plusieurs milliards d'années.

Pour le croyant le problème fondamental avec cette explication darwinienne de l'origine du monde puis de la vie se situe au niveau de la vision biblique de l'acte initial de création du monde puis des espèces animales et végétales et finalement d'Adam et Ève (que le texte biblique considère comme les véritables ancêtres du genre humain). En effet, la conception biblique de la création est fondamentalement une vision « transcendante » ou surnaturelle. Professeur de physique et chercheur de l'université de Toronto, Hugh Ross rappelle le principe important de la transcendance dans la création initiale de l'univers et de la vie sur terre :

> « Tous les scientifiques qui ont parlé du "Big Bang" n'ont fait que confirmer ce qu'attestaient déjà voici 2500 ans des individus tels que Job, Moïse, David, Ésaïe, Jérémie et bien d'autres dont fait mention le texte biblique. Les prophètes et les apôtres de la Bible parlent explicitement et d'une manière répétée des deux notions clés du "big bang" : une origine cosmique transcendante à un moment précis et un univers en expansion depuis son origine. »[23]

Ainsi, par exemple, ces deux propriétés du cosmos sont évoquées par le prophète Ésaïe : « Voici ce que dit l'Éternel, le Dieu qui a créé le ciel et l'a déployé, qui a disposé la terre et tout ce qu'elle produit »[24] (Ésaïe 42.5).

Les multiples textes bibliques qui se rapportent à la création le font pour souligner que Dieu est Tout-Puissant, la source transcendante (Dieu transcende, est au-delà de la réalité matérielle) de la vie.[25] En

---

[22] "One general law, leading to the advancement of all organic beings, namely, multiply, vary, let the strongest live and the weakest die." Charles Darwin, The Origin of Species.
[23] Dr. Hugh Ross, The Creator and the Cosmos p. 2. RTB Press. Covina, CA 2018.
[24] « Le ciel » est au pluriel en hébreu (les cieux) et décrit le cosmos dès les origines de la création en Genèse 1.1
[25] Ésaïe 40.28 ; Jérémie 32.17 ; Ps. 33.6 ; 90.2 ; Ps. 121.1, 2 ; Romains 1.20 ; 11.36.

qui concerne l'origine de l'univers et de la vie, la science cherche des explications naturelles, vérifiables empiriquement (ce qui est sa vocation). Par contre, le texte biblique présente la création du monde et de la vie, et en particulier l'apparition de l'être humain, comme un événement transcendant (d'origine surnaturelle et non pas « naturelle ») ayant sa source en Dieu et qui sert de fondation pour une vie de foi, de confiance en Dieu :

> « Or, la foi, c'est la ferme assurance des choses qu'on espère, la démonstration de celles qu'on ne voit pas… Par la foi nous comprenons que l'univers a été formé par la parole de Dieu, de sorte que le monde visible n'a pas été fait à partir de choses visibles. » (Hébreux 11.1, 3)[26]

C'est la vocation de la science de chercher à expliquer d'une manière empirique l'origine de l'univers et de la vie. Ce faisant, la science émet des hypothèses qu'elle s'efforce de vérifier empiriquement. La science peut constater par exemple les lois fondamentales de l'univers ou de la vie biologique ; elle peut constater la complexité ou la nature de ces lois, mais peut-elle expliquer l'origine même de l'univers et de la vie ? Peut-elle vérifier par l'expérimentation des événements qui sont de l'ordre de la transcendance ? Que dirait un médecin qui constaterait que Lazare est en bonne santé après sa résurrection ? Ce médecin pourrait constater la bonne santé de Lazare, mais il ne pourrait expliquer sa résurrection (Jean ch. 11). De même en ce qui concerne les lépreux guéris par Jésus, le médecin pourrait constater leur état de santé, mais ne pourrait expliquer la guérison soudaine de ces lépreux (Luc ch. 17). En effet cette résurrection et ces guérisons sont de l'ordre de la transcendance du Dieu tout-puissant pour qui rien n'est impossible. Rappelons-nous des paroles de Jésus : « Aux hommes cela est impossible, mais non à Dieu, car tout est possible à Dieu » (Marc 10.2) ou encore des paroles de l'ange à Marie lorsqu'il

---

[26] Ajoutons que le texte biblique met en parallèle la création initiale de l'univers et la nouvelle création promise par Dieu dans l'avenir. Cette dernière aura lieu tout aussi soudainement au retour du Christ et non sur une période de milliers ou de millions d'années (Hébreux 1.10-12 ; 2 Pierre 3.10-13).

vient lui annoncer qu'elle aurait un enfant alors qu'elle était vierge : « En effet, rien n'est impossible à Dieu » (Luc 1.37).

En lisant ceci, certains diront que la science ne peut pas expliquer cette naissance miraculeuse de Jésus, et donc cette naissance n'a pas eu lieu de la manière attestée par l'Évangile. Lorsqu'on exige d'avoir une explication scientifique ou naturelle quant à la création du monde ou quand Jésus nourrit cinq mille personnes avec quelques poissons et quelques pains, on est tout simplement en train de nier que Dieu ait pu créer tout un univers à partir de rien ou qu'il fut capable de multiplier quelques pains pour en nourrir des milliers de personnes. Le miraculeux (ou la transcendance) n'ayant pas d'explication scientifique, cette vision du rôle de la science conduit certains à affirmer catégoriquement que Dieu n'existe pas ou que le témoignage biblique n'est pas fiable. Cette attitude me fait penser à celle des philosophes d'Athènes qui, lorsqu'ils entendent parler de la résurrection de Jésus d'entre les morts, « se moquèrent » de Paul (Actes 17.32).

En parlant du Big Bang (l'expression décrit d'une manière populaire le début supposé de l'univers, mais bien des scientifiques récusent l'expression « big bang » qui signifie « grande explosion »), le professeur Ross de l'université de Toronto souligne qu'avec le récit biblique de la création on se trouve face à la question de la transcendance. Selon le « big bang », l'univers tel que nous le connaissons avec ses milliards de galaxies et de corps célestes s'est constitué soudainement et à une telle vitesse que nous ne pouvons en parler qu'en trillions de secondes (un trillion est égal à un million à la puissance trois).[27] Lorsqu'on observe les galaxies qui s'éloignent rapidement les unes des autres, on a l'impression que cet univers est là depuis des milliards d'années. Or ces calculs supposent une uniformité des phénomènes naturels à

---

[27] Un **trillion** est un milliard de milliards ($10^9 \times 10^9$), soit 10 puissance 18 (en notation scientifique, 10^{18}), c'est-à-dire 1 000 000 000 000 000 000, ou encore un million de millions de millions ($10^6 \times 10^6 \times 10^6$). Un trillion est ainsi égal à un million à la puissance trois, d'où le terme, formé sur *tri-* et *million*. Le préfixe correspondant à ce nombre dans le Système international d'unités (SI) est « exa ». Dans l'échelle longue, mille trillions ($10^3 \times 10^{18}$) est égal à un trilliard (10^{21}). *Wikipédia*.

travers le temps et ne tiennent pas compte de la relativité du temps et de la rapidité initiale de l'apparition et de l'expansion de l'univers.[28]

En tant qu'observateurs humains, nous parlons de millions ou de milliards d'années à propos d'un univers dans lequel le temps est « relatif » à bien des égards. La physique quantique suggère même que la notion de temps est relative par rapport à l'observateur humain que nous sommes. Or, cette notion peut être rapprochée de celle de transcendance aux origines de l'univers. Cet aspect de la « relativité » du temps fut même mis en avant par Einstein pour qui « le temps est relatif par rapport à l'observateur humain ».[29] Oui pour Dieu un milliard d'années ne représentent rien puisqu'il transcende le temps – n'ayant ni commencement ni fin (Ps. 90.1, 2 ; Ésaïe 57.15 ; 1 Timothée 1.17) : « Aux yeux du Seigneur un jour est comme 1000 ans et 1000 ans sont comme un jour » (2 Pierre 3.8). Ainsi, puisqu'il transcende le temps, Dieu aurait pu créer l'univers voici quatorze ou quinze milliards d'années. Mais il aurait pu tout aussi bien créer l'univers en une fraction de seconde et que cet univers donne l'impression d'être vieux de plusieurs milliards d'années. Puisqu'il transcende le temps, Dieu aurait pu créer une vie rudimentaire qui se serait transformée sur des millions d'années pour donner lieu à un être qui ressemble à l'être humain d'aujourd'hui. Mais il aurait pu créer le premier homme à partir du sol d'une manière transcendante, surnaturelle.

Reconnaissons que la frontière entre la transcendance et le monde naturel n'est pas nécessairement facile à délimiter ; le créateur et sa création ne sont pas éloignés sur un plan physique ou matériel : « Il a voulu qu'ils cherchent le Seigneur et qu'ils s'efforcent de le trouver en tâtonnant, bien qu'il ne soit pas loin de chacun de nous. En effet, c'est en lui que nous avons la vie, le mouvement et l'être » (Actes 17.27, 28). En Genèse chapitres 1 et 2 nous n'avons pas un

---

[28] Comme en géologie, de tels calculs supposent une « uniformité » des lois de la nature ou de la physique qui est démentie lorsqu'on aborde le macrocosme ou le microcosme ou lorsqu'on veut comprendre ce qui a pu se passer aux origines du monde.

[29] "In his papers on relativity, Einstein showed that time was relative to the observer." Dr. Robert Lanza, https://www.wired.com/2016/09/arrow-of-time/ (15/05/18). Robert Lanza développe cette idée dans son hypothèse qu'il appelle « biocentrisme » sur le rôle de la conscience humaine dans la perception de l'univers.

récit de la création indépendant de l'histoire des êtres humains. La révélation divine place la création comme cadre général pour introduire l'histoire des hommes. Ainsi, dès les premiers chapitres de la Genèse, l'objectif de l'ensemble de la création est l'être humain. La création d'Adam et Ève est le couronnement de toute la création et non pas un élément fortuit ou sans grande signification par rapport à la création de l'univers ou de la vie (voir le principe anthropique). Cette insistance du texte biblique sur le côté unique de l'être humain a parfois été comprise comme une forme d'arrogance, comme une sorte d'orgueil humain qui ressortirait des récits bibliques. En fait, l'être humain est unique parce que lui seul est fait à l'image de Dieu et qu'il est appelé à avoir une relation unique – une relation d'amour – avec Dieu (Psaume 8). L'idée qu'il s'agit d'une sorte d'arrogance de la part des textes bibliques est démentie dès les premiers chapitres de la Genèse, où l'on constate à quel point l'être humain a trahi sa vocation et a agi d'une manière contraire à l'intention de Dieu. En outre, la notion biblique d'une place unique de la planète terre au sein du cosmos pourrait prêter à rire lorsqu'on constate l'immensité de l'univers, cependant cette notion se confirme peu à peu. Par exemple, en 1993 l'astronome George Wetherhill (1925-2006) fit une découverte stupéfiante concernant Jupiter et le système solaire. Si Jupiter se trouvait légèrement plus proche du soleil ou si cette planète était légèrement plus massive, sa gravité dérangerait suffisamment l'orbite terrestre au point qu'aucune forme de vie ne pourrait exister sur terre.[30] Ainsi le professeur Ross mentionne au moins cent cinquante paramètres qui existent au niveau de notre galaxie, de la structure des planètes, du système solaire et de la terre et qui sont indispensables à la vie sur terre et à la présence des êtres humains.[31] Ainsi, par exemple, Jupiter agit comme un bouclier qui protège la terre en particulier des comètes qui parcourent l'espace. Ross décrit les planètes du système solaire comme de «bons compagnons» de

---

[30] Dr. Hugh Ross, *The Creator and the Cosmos*, pages 210,211. RTB Press. Covina, CA 2018.

[31] Dr. Hugh Ross, *The Creator and the Cosmos*, pages 243-266. "Evidence for the Fine-Tuning of the Milky Way Galaxy, Solar System and Earth". RTB Press. Covina, CA 2018.

la terre sans lesquels il est impossible de concevoir la possibilité de l'existence humaine sur notre planète.

CONCLUSION

« Pour le scientifique qui toute sa vie a vécu dans la foi au pouvoir de la raison, tout semble se terminer comme un mauvais rêve. Il a escaladé puis est monté par-dessus les murs de l'ignorance, il est enfin à même d'atteindre les sommets les plus élevés ; le voilà qui se hisse au-dessus du dernier rocher pour être finalement accueilli par une bande de théologiens qui sont assis là depuis des siècles. » (Robert Jastrow)[32]

---

[32] Robert Jastrow (1925-2008). *God and the Astronomers*, W.W. Norton & Company N.Y. 2000.

CHAPITRE 2
LA RÉVÉLATION

> « La loi de l'Éternel est parfaite, elle restaure l'âme ; le témoignage de l'Éternel est véritable, il rend sage l'ignorant. Les ordonnances de l'Éternel sont droites, elles réjouissent le cœur ; les commandements de l'Éternel sont purs, ils éclairent les yeux. »
> **Psaume 19.7,8**

> « Toute l'Écriture est inspirée de Dieu et utile pour enseigner, pour convaincre, pour corriger, pour instruire dans la justice, afin que l'homme de Dieu soit formé et équipé pour toute œuvre bonne. »
> **2 Timothée 3.16, 17**

On constate que la culture occidentale tend à vouloir éliminer ce qui pourrait séparer l'être humain de l'animal. On tend à nier que l'être humain est un être à part, qu'il a une nature spirituelle, une âme, et qu'il reflète l'image du créateur (Genèse 1.26 ; Jacques 3.9 ; Psaume 8). Or, la négation de notre nature morale et spirituelle nous a conduit à rechercher une morale explicable uniquement du point de vue de la nature, de la biologie. La notion de Dieu et celle d'une révélation de Dieu – donc la notion d'une autorité morale au-dessus des humains – sont ainsi devenues superflues. En faisant de la question du bien et du mal quelque chose d'origine purement biologique, on veut la couper de toute foi en Dieu et de toute foi en sa Parole. C'est à cela que s'attelle notamment la sociobiologie.

LA CRÉATION NE CONSTITUE PAS UNE RÉVÉLATION MORALE

La création, les conditions mêmes de la vie dans cet univers, confirment l'affirmation selon laquelle « au commencement Dieu créa les cieux et la terre » (Genèse 1.1). Cette création manifeste la gloire et la puissance du Créateur :

> « Les cieux racontent la gloire de Dieu, et l'étendue manifeste l'œuvre de ses mains. Le jour en instruit un autre jour, la nuit en donne connaissance à une autre nuit. Ce n'est pas un langage, ce ne sont pas des paroles dont le son ne soit point entendu. Leur retentissement parcourt toute la terre, leurs accents vont aux extrémités du monde, où il a dressé une tente pour le soleil. Et le soleil, semblable à un époux qui sort de sa chambre, s'élance dans la carrière avec la joie d'un héros ; il se lève à une extrémité des cieux, et achève sa course à l'autre extrémité : rien ne se dérobe à sa chaleur. La loi de l'Éternel est parfaite, elle restaure l'âme ; le témoignage de l'Éternel est véritable, il rend sage l'ignorant. Les ordonnances de l'Éternel sont droites, elles réjouissent le cœur ; les commandements de l'Éternel sont purs, ils éclairent les yeux. » (Psaume 19.1-8)

Toutefois, la création n'est pas en elle-même une « révélation »[1] que l'on puisse considérer comme complète ou suffisante concernant Dieu et ses desseins ou le comportement que nous devons avoir en tant qu'êtres humains.

Nous ne pouvons pas tout connaître du caractère de Dieu et de ses plans par notre simple observation de l'univers. Ainsi, selon le Psaume 19 « les cieux racontent la gloire de Dieu ». Par contre, dans le même Psaume la loi de l'Éternel nous parle de Dieu : « Elle restaure l'âme et rend sage l'ignorant ; elle réjouit le cœur et éclaire les yeux. »

LA CONSCIENCE

Dans le contexte actuel, on entend parler de vagues notions telle que celle de la « conscience » de l'individu ou de « valeurs » auxquelles nous devrions souscrire (telles que, par exemple, « les valeurs de la

---

[1] Révélation : « phénomène par lequel des vérités cachées sont révélées aux hommes d'une manière surnaturelle. » Dict. Robert.

République »). La Bible elle-même atteste du fait que la conscience est accordée à chaque individu. Mais cette conscience a besoin d'un code moral, d'un critère – d'où l'adjonction de la notion de « valeurs » que l'on retrouve dans le discours « moral » de notre temps. En effet, la question demeure de savoir ce qui nous permettrait de distinguer entre le bien et le mal.

Cette conscience de l'individu concerne chaque être humain mais finit par constituer la direction morale de toute une société. Trop de gens ne voient absolument pas le lien qui existe entre d'une part le critère « moral » ou de « valeurs » que l'on adopte et d'autre part l'état de la société. Pourtant, l'état d'une société est toujours le produit des convictions des individus qui la constituent.

L'ANARCHIE COMME CRITÈRE

Lorsque par exemple l'anarchie (l'absence d'un critère moral ou de valeurs) devient le critère du comportement des individus, on aboutit tôt ou tard à un comportement social violent et barbare qui finit par se généraliser. Ce que nous appelons une société civilisée cesse alors d'exister.

La révélation divine – la Bible – nous apprend que la tendance morale des êtres humains n'est pas globalement orientée vers le bien (Romains 3.23). Même lorsqu'ils ont reçu de Dieu un code moral, ils tendent à s'en éloigner (voir Romains chapitres 1 à 3). Livrés à eux-mêmes pour décider de ce qui est bien ou mal, les êtres humains tombent rapidement dans les pires comportements et trouvent des raisons « logiques » ou « nécessaires » pour commettre des crimes innombrables contre leur prochain : génocides, meurtre de millions de bébés par l'avortement, déportation massive de populations entières.

Lorsque le comportement des individus se fonde sur des « valeurs » erronées, voire aux antipodes de la révélation biblique, il suffit d'une ou deux générations pour qu'une société civilisée se transforme en société barbare. Un code moral conçu par l'être humain et capable d'être altéré par ce dernier ne permet pas de fonder une société civilisée et dans laquelle on respectera la vie et la dignité humaines. Ainsi, au cours du 20ᵉ siècle, les systèmes politiques fondés sur l'athéisme et le marxisme ont conduit au massacre de millions d'êtres humains en Union soviétique, en Chine ou au Cambodge.

LE RÔLE DE LA CONSCIENCE

Nous ne pouvons pas tout connaître de Dieu ou de sa volonté en nous fiant à la conscience – aussi importante soit cette dernière pour comprendre la spécificité de notre nature humaine ainsi que le comportement des êtres humains.

La meilleure définition que l'on puisse donner de la « conscience » dans son sens biblique me semble être celle de Charles Henry Parkhurst : « C'est la pensée de l'homme qui juge ses actions selon un critère qui a été accepté au préalable. » Cette définition ne dit rien du « critère » lui-même. Cette définition est tout aussi valable, quel que soit le critère accepté par l'homme. Ainsi, Paul introduit la notion de « conscience » en disant que « leurs pensées s'accusent ou se défendent tour à tour » (Romains 2.12-16, LSG) :

> « Quand les païens, qui n'ont point la loi, font naturellement ce que prescrit la loi, ils sont, eux qui n'ont point la loi, une loi pour eux-mêmes ; ils montrent que l'œuvre de la loi est écrite dans leurs cœurs, *leur conscience en rendant témoignage, et leurs pensées s'accusant ou se défendant tour à tour*. C'est ce qui paraîtra au jour où, selon mon Évangile, Dieu jugera par Jésus Christ les actions secrètes des hommes. »

Bien qu'ils ne soient pas sous la loi de Moïse (Rom. 2.14), ces païens savent ce qui est bien et ce qui est mal et font « naturellement » ce que prescrit la loi. À première vue le mot « naturellement » (du grec *phusis*) ne peut être compris que d'une façon : « ce qui est inné en l'homme… opposé à acquis, appris » (Dict. Robert). On retrouve le mot *phusis* en Éph. 2.3 : « Nous étions *par nature* des enfants de colère… » (« par nature », par le fait que nous agissons ainsi) ; ainsi, l'observation de la loi dans le cœur est vue par Paul comme une situation exceptionnelle, qui n'est pas innée chez tout le monde. C'est plutôt l'inverse qui est vrai : le péché est universel pour l'ensemble du genre humain (Romains 3.23). Il y a des païens qui ont la loi de Dieu « écrite dans leur cœur » (ils l'ont vraiment assimilée, voir Ps. 40.9 ; Jér. 31.3sv ; Héb. 8.10) ; ils l'accomplissent de leur propre cœur, sincèrement et sans hypocrisie.

Les deux premiers chapitres de Romains montrent le contraste entre d'une part ceux qui à l'origine ont reçu la loi mais qui ne l'observent pas (Paul ne met pas en cause tous les Juifs mais donne en exemple certains d'entre eux) et d'autre part les non-Juifs (païens) qui n'ont pas reçu cette loi mais l'observent (encore une fois certains d'entre eux) – et ils l'observent parce qu'ils l'ont assimilé dans leur cœur ; ils ont appliqué leur « conscience » à l'observer.

Ce texte de la lettre de Paul aux Romains ne remet pas en cause l'importance d'une révélation de Dieu (la loi) ; il souligne toutefois à quel point il est inutile d'avoir reçu cette révélation ou d'en être instruit si cette révélation ne conduit pas à un comportement qui honore Dieu et sa justice.

L'argumentation de Paul vise à prévenir tout sentiment d'orgueil ou de supériorité chez ceux qui disposent d'une révélation de Dieu (les Juifs) par rapport à ceux qui ne connaissent pas cette révélation (les païens). Il est intéressant de voir un argument semblable en Romains (chapitre 11.16-24) mais dans le sens inverse : les non-Juifs qui sont parvenus à la foi et à la repentance doivent prendre garde à ne pas mépriser les Juifs. L'apôtre illustre cet argument en parlant d'une greffe de branches d'olivier sauvage (les païens) effectuée sur un olivier d'origine (le peuple juif). Les branches greffées ne doivent pas se vanter par rapport à l'olivier d'origine (Israël) alors qu'ils bénéficient des racines de cet olivier (les racines étant les patriarches : Abraham, Isaac et Jacob – en effet, les promesses dont bénéficient les non-Juifs ont d'abord été données aux patriarches ; voir Genèse chapitre 12).

En parlant de la conscience, Paul semble mettre en cause le besoin d'une révélation de Dieu. Mais tel n'est pas le propos de l'apôtre. Il veut simplement faire prendre conscience à ses lecteurs qu'ils doivent être humbles et ne pas se glorifier de ce qui est avant tout un «don» de Dieu. Les promesses faites à Abraham furent un don. La loi donnée à Moïse fut un don. Le salut en Jésus-Christ est un don reçu par la foi (Romains 5.1, 2).

On peut se demander comment ces «non-Juifs» sont parvenus à avoir la loi écrite dans leur cœur alors qu'ils n'ont pas reçu cette loi, alors qu'elle ne leur a pas été enseignée. Paul ne répond pas à cette question, car ce n'est pas son propos dans le texte de Romains. On pourrait toutefois rappeler les paroles de Jésus selon lesquelles Dieu accorde ses bienfaits à tous les hommes indépendamment de leur condition spirituelle : «En effet, il fait lever son soleil sur les méchants et sur les bons, et il fait pleuvoir sur les justes et sur les injustes» (Matthieu 5.45). Ne pourrait-on pas considérer une conscience éclairée, une justice «innée», comme un don de Dieu? Mais à partir du moment où un tel individu se croirait supérieur et tomberait lui-même dans l'orgueil (en disant par exemple : «Vois-tu, moi je suis athée et je me comporte mieux que toi chrétien!»), il serait de ce fait disqualifié et devrait entendre l'enseignement de Jésus afin de changer son cœur et son comportement. Il faut ajouter qu'en parlant ainsi des «non-Juifs» qui observent la loi «dans leur cœur», Paul n'est pas en train de dire qu'ils n'ont aucun péché ou qu'ils n'ont pas besoin de salut; la justice selon la loi a ses mérites, mais elle ne peut donner accès au salut qui est un don de Dieu (ce que Paul établit à travers toute cette épître) : «Tous ont péché et sont privés de la gloire de Dieu» (Romains 3.23).

L'IDÉE D'UNE RÉVÉLATION DIVINE EST PLAUSIBLE

Nous avons donc vu la nécessité d'une révélation si nous voulons connaître Dieu. Considérons maintenant une autre question : «L'idée d'une révélation venant de Dieu est-elle plausible?»

Nous avons vu précédemment qu'il est tout à fait logique et raisonnable de croire qu'il y a un Dieu suprême qui créa l'univers et l'homme. S'il est raisonnable de penser que Dieu a créé l'homme, il est tout à fait raisonnable de penser que celui qui créa l'être humain veuille se révéler, se faire connaître à lui afin de lui montrer comment il doit vivre afin d'être heureux.

▶ Dieu se révèle

L'athée croit qu'il n'y a pas de Dieu. L'agnostique pense qu'il ne peut pas être certain qu'il y ait un Dieu. Le matérialiste se fie uniquement à ses cinq sens pour tout ce qu'il croit et ce qu'il pense ; il rejette d'office tout ce qu'il ne peut voir, toucher, entendre, goûter ou sentir.

Certaines personnes vivent et meurent persuadées (ou qui veulent nous persuader) qu'il n'y a pas de Dieu. Bien sûr, il reste à voir quelles peuvent être les motivations de quelqu'un qui s'affirme athée. L'athée peut être quelqu'un qui « espère » qu'il n'y a pas de Dieu ou qui craint qu'il puisse y avoir un Dieu.

▶ La croyance que Dieu n'existe pas

Il est vrai, et il nous faut l'admettre, que la croyance en Dieu n'est pas en soi une preuve de l'existence de Dieu. Mais croire que Dieu n'existe pas n'est pas non plus le démontrer. Certains chrétiens font l'erreur de croire qu'il serait nécessaire pour eux de démontrer que Dieu existe sans qu'aucune question ne subsiste quant à cette existence de Dieu. Mais peut-on « démontrer » l'existence de Dieu d'une manière complètement satisfaisante – sans qu'aucune question ne se pose plus ? Je ne le pense pas, et je ne pense pas que cela soit nécessaire. En fait, cela n'est nécessaire dans aucun domaine quel qu'il soit. Qu'il s'agisse de science, d'histoire ou de tout autre domaine, les connaissances que nous avons d'un sujet ne sont jamais à l'abri de toutes nos interrogations. Il restera toujours une ou des questions sans réponses, mais cela ne remet nullement en cause ce que nous connaissons.

L'athée ainsi que le croyant se trouvent tous deux dans la même position, celle de la croyance. La croyance ou la foi se préoccupe par définition de choses qu'on espère et de choses « qu'on ne voit pas » : « Or, la foi est une ferme assurance des choses qu'on espère, une démonstration de celles qu'on ne voit pas » (Héb. 11.1). (En grec on peut traduire « démonstration » par « conviction ».)

Certains athées « espèrent » que Dieu n'existe pas ; leur croyance est pour eux suffisante ; ils sont convaincus, ils croient, que Dieu n'existe pas. Il est vrai, comme l'affirme Kant, que la raison humaine ne peut pas démontrer l'existence de Dieu, mais il est vrai aussi, comme l'admet le même philosophe, que la même raison humaine ne peut pas démontrer l'inexistence de Dieu. L'idée de Dieu, si elle est justifiée, ne peut se limiter à la raison humaine, ne peut se contenter des démonstrations de la raison humaine.

L'idée de Dieu ne se forme pas toute seule dans l'esprit humain ; et même si elle se formait toute seule dans l'esprit humain, cette idée ne pourrait rien faire d'elle-même ; elle ne pourrait qu'espérer une manifestation tangible de Dieu dans la réalité matérielle. Accepter l'existence de Dieu peut sembler une folie, mais affirmer catégoriquement son inexistence est une folie encore bien plus grande (Psaume 14.1). Comme l'a dit, il y a bien longtemps, le Dr Chalmers :

> « Avant de pouvoir affirmer d'une façon positive qu'il n'y a pas de Dieu, l'homme doit s'attribuer à lui-même toute la connaissance divine et son omniprésence ; il doit avoir exploré tout l'univers pour être certain que Dieu n'est pas là ; il doit avoir interrogé toutes les générations d'hommes et toutes les hiérarchies cosmiques pour être certain qu'elles n'ont jamais entendu parler de Dieu. En fait, pour pouvoir nier positivement l'inexistence de Dieu, l'homme devrait être lui-même Dieu. »

Le fait que quelqu'un est incapable de voir toute trace de Dieu dans l'univers et le monde ne constitue pas une preuve de son inexistence. Dieu pourrait très bien exister et se manifester ailleurs, ou montrer ailleurs des traces de son existence... Il n'est pas forcé de se limiter à « notre champ de vision ». Par contre, les merveilles que nous voyons autour de nous et dont nous avons déjà parlé ne peuvent pas être systématiquement éloignées de la vue, sous prétexte que de « toute façon » Dieu n'existe pas. L'univers avec sa beauté et sa complexité existe – et nul n'a prouvé que cet univers et cette nature qui nous entourent ne proviennent pas de Dieu. L'univers n'est peut-être pas une démonstration de l'existence de Dieu, mais c'est plus une « trace » de son existence que de son inexistence.

La révélation

Aldous Huxley passait pour être l'athée par excellence. Il affirmait :

« Je n'arrive pas à voir une ombre, un indice qui seraient une évidence en faveur de la croyance que le Grand-Inconnu (The Great Unknown) qui est derrière les phénomènes de l'univers, soit un Père dans ses relations avec nous, nous aime et se soucie de nous, comme l'affirme le christianisme. »[2]

Par ailleurs, Huxley explique dans un de ses livres qu'*a priori* il ne voulait pas que l'univers ait un sens :

« J'avais des raisons pour que le monde n'ait pas de sens et par conséquent j'ai supposé qu'il n'en avait pas… Pour ma part cette philosophie de l'absurde constituait surtout un instrument de libération sexuelle et politique. »[3]

Le professeur Blatchford fait le même genre de remarque en disant :

« Je ne peux pas croire qu'il y a un Dieu personnel, qui intervient dans les affaires humaines. Je ne peux pas voir dans la science, dans l'expérience ou dans l'histoire des signes d'un tel Dieu ou de son intervention. » (ibid. p. 24)

Ce qu'ils disent là ne fait qu'exprimer leur croyance dans l'inexistence de Dieu. D'autres grands penseurs ont vu, dans la science, dans l'histoire et dans l'expérience, des signes manifestes de l'existence de Dieu. Ce n'est pas la foi de ces derniers qui me fait croire, et ce n'est pas le manque de fois des premiers qui met en doute ma foi.

Je ne puis me fier à un être aussi limité que l'être humain pour baser ma foi – que cette foi soit en l'existence de Dieu ou en sa non-existence. Je me fierais plutôt à Jésus-Christ qui a vécu sa philosophie et qui a ressuscité les morts à l'appui de ses dires. Lecteur, ne vous hâtez pas trop de sourire à la mention du nom de Jésus ou de la « résurrection des morts », car il y a plus d'évidences historiques que Jésus est ressuscité des morts que le contraire. Ne vous hâtez pas trop

---

[2] Cité par Dr Whitelaw « The Fundamentals » Vol. VI p. 24.
[3] Huxley, Aldous, *Ends and Means* (New York, NY : Harper & Brothers Publishers, 1937), 270.

vite de dénigrer le monde spirituel qui dépasse les limites de ce monde naturel, en pensant que vous n'êtes capables ni de le percevoir ni de l'expliquer. Que vous ne soyez pas capables de le percevoir n'est pas la preuve qu'il n'existe pas.

Si le monde spirituel n'existe pas, Jésus est un menteur… (Ne me parlez pas de Jésus comme d'un illuminé ; tout tend à prouver qu'il était plus réaliste, plus profond et sage qu'aucun d'entre nous.) Jésus était aussi un grand penseur :

> « Tu es le docteur d'Israël, et tu ne sais pas ces choses ! En vérité, en vérité, je te le dis, nous disons ce que nous savons, et nous rendons témoignage de ce que nous avons vu ; et vous ne recevez pas notre témoignage. Si vous ne croyez pas quand je vous ai parlé des choses terrestres, comment croirez-vous quand je vous parlerai des choses célestes ? Personne n'est monté au ciel, si ce n'est celui est descendu du ciel, le fils de l'homme qui est dans le ciel. » (Jean 3.10-13)

Jésus affirme « avoir vu » le monde céleste (le royaume de Dieu) et même « être » dans ce monde au moment où il parle avec Nicodème. Ce sont des paroles pleines de mystère. Jésus parle d'une réalité spirituelle dont il fait pleinement l'expérience à l'instant où il parle. Ne nous hâtons pas de faire de toutes les paroles de Jésus des « paraboles » ; il ne s'agit pas ici de paraboles, mais d'expérience vécue. Je crois Jésus plutôt qu'Huxley parce que Jésus « témoigne », alors que le philosophe « spécule ». Je crois au témoignage de Jésus, parce que je sais qu'il était un homme parfaitement intègre et bon.

Qu'en est-il de la foi de l'agnostique ? Il pense que Dieu existe peut-être mais qu'il n'y a aucun moyen de le savoir. Cet homme part du principe qu'il ne peut pas, par ses propres moyens, connaître Dieu. En cela il a raison. Mais cela signifie-t-il que Dieu, lui, ne serait pas capable de se faire connaître à nous ? En outre, l'agnostique part souvent du principe que pour que Dieu soit connu, il faut qu'il soit connu de telle manière sans qu'aucune question ne se pose plus sur son existence, ses actions ou ses paroles. Mais cela est-il nécessaire ? Si Dieu est véritablement un être suprême, s'il est surnaturel, invisible à l'œil naturel, comment pourrons-nous jamais prétendre le connaître parfaitement et totalement ? La révélation ainsi que la connaissance de Dieu que nous pouvons avoir seront toujours partielles. C'est seulement en sa présence que nous pourrons le voir tel qu'Il est (1 Corinthiens 13.12, 13). Mais ne pourrait-il pas se révéler, se montrer, s'expliquer d'une façon partielle ? L'agnostique a fait fausse route dans sa recherche de Dieu, et elle lui fait trop souvent conclure hâtivement que Dieu ne peut pas être entièrement connu de l'homme (il reste des questions en suspend), donc il ne peut pas être connu du tout.

PLUSIEURS CHEMINS DANS LA QUÊTE DE DIEU

L'idée de chemins dans la recherche ou la quête de Dieu semble être confirmée dans le discours de Paul aux Athéniens (Actes 17) :

> « Le Dieu qui a fait le monde et tout ce qui s'y trouve, étant le Seigneur du ciel et de la terre, n'habite point dans des temples faits de main d'homme ; il n'est point servi par des mains humaines, comme s'il avait besoin de quoi que ce soit, lui qui donne à tous la vie, la respiration, et toutes choses. Il a fait que tous les hommes, sortis d'un seul sang, habitassent sur toute la surface de la terre, ayant déterminé la durée des temps et les bornes de leur demeure ; *il a voulu qu'ils cherchassent le Seigneur, et qu'ils s'efforçassent de le trouver en tâtonnant*, bien qu'il ne soit pas loin de chacun de nous, car en lui nous avons la vie, le mouvement, et l'être. C'est ce qu'ont dit aussi quelques-uns de vos poètes : De lui nous sommes la race... » (Actes 17.24-28)

▶ Le chemin de l'intuition

Ceux qui croient au chemin vers Dieu par l'intuition ne réalisent pas qu'ils ont le plus souvent connu ce chemin par le moyen d'une révélation donnée par Dieu. En effet, sans les Écritures ils n'auraient pas la possibilité d'attribuer à l'intuition humaine la notion même de « Dieu » (d'où tiennent-ils le mot « Dieu » ?).

Dieu n'a pas produit une révélation pour que nous puissions lire dans cette révélation qu'on pouvait connaître Dieu sans révélation.

L'être humain ne peut pas connaître Dieu si Dieu ne se fait pas connaître à lui d'une manière ou d'une autre (Héb. 1.1 ; Jér. 10.23 ; Rom. 10.17sv ; Rom. 1.32 ; Rom. 2.26, 27 ; Rom. 3.19, 20).

La Bible ne laisse nullement entendre qu'on peut connaître la volonté de Dieu d'une façon intuitive. Ajoutons que la « conscience » n'est pas l'intuition et n'est pas un guide suffisant pour trouver Dieu ; elle est simplement notre pensée qui nous déclare coupables ou innocents en fonction d'un critère reçu au préalable.

▶ Le chemin de la raison

La raison est un autre chemin qui a été emprunté par des hommes et des femmes dans la recherche de Dieu. Mais l'Écriture nous dit : « Qui a connu la pensée du Seigneur pour l'instruire ? » « Ce monde, avec sa sagesse, n'a point connu Dieu dans la sagesse de Dieu… » (1 Cor. 2.16 ; 1.21).

Bien sûr, en ce qui concerne la connaissance de Dieu, la raison humaine est capable de parvenir à certaines conclusions qui sont justes. Malgré cela, aux yeux de Dieu, l'homme demeure ignorant lorsqu'il compte sur lui-même pour connaître Dieu (Actes 17.18-30). Il n'est pas bon que la foi soit fondée sur la sagesse des hommes (1 Cor. 2.5). En ce qui concerne la connaissance de Dieu, les pensées des sages sont vaines (1 Cor. 3.20).

Cela devrait-il nous étonner ? Si Dieu est vraiment ce Dieu suprême et bien au-dessus de nous, n'est-il pas normal que l'homme ne puisse pas le connaître et le comprendre par sa propre sagesse ? N'est-ce pas là une conséquence logique qui vient du fait que l'homme et la femme sont des créatures et que Dieu est leur créateur ?

Selon la Bible la foi n'est donc pas fondée sur la « sagesse des hommes », mais elle est fondée sur une manifestation ou une « révélation » suprême de Dieu – sur Jésus-Christ qui révèle Dieu d'une façon parfaite (Hébreux 1.1-4 ; Jean 1.1-14). Sa parole, sa personne et sa vie respirent l'essence divine. Nous avons en lui une révélation bien plus complète de Dieu que celle des prophètes. En fait, Jésus est le *logos* (Jean 1.1-3) : il est la pensée même de Dieu manifestée en chair. Quand il parle, Dieu parle ; quand il pense, Dieu pense (Jean 14.8-11).

Les arguments fondés sur la raison humaine peuvent nous aider à nous faire une certaine idée de la divinité. Mais il faut tout de même admettre la limite de ces arguments lorsqu'il est question d'approfondir ou de préciser la question de Dieu.

L'argument *ontologique* veut prouver l'existence de Dieu en se contentant de le définir (Dieu est parfait, donc il existe). Cet argument philosophique à l'existence de Dieu a ses limites. En effet, l'idée même d'une perfection de Dieu ne peut être connue en dehors d'une révélation connue au préalable.

L'argument *cosmologique* s'exprime dans l'expression latine *ex nihilo fit* : il n'y a pas d'effet sans cause. Nous ne pourrons jamais savoir par ce moyen si la « cause » est Dieu ou si elle est autre chose (comme par exemple une intelligence extra-terrestre, ainsi que le supposent certains).

L'argument *téléologique* qui se préoccupe des moyens et des fins et s'efforce de prouver l'existence de Dieu en montrant que ce que nous voyons autour de nous doit être le produit d'une intelligence. Cet argument peut avoir son importance, et nous l'avons évoqué dans le chapitre sur la création, mais il est limité en ce qu'il ne nous dit rien de la nature morale de Dieu, de son amour ou de sa volonté.

L'argument *anthropologique* qui déduit la nature morale de Dieu de la nature morale de l'homme : « Puisque l'homme est un être moral, Dieu doit l'être aussi. » Cet argument est peut-être plus profond que les autres, mais il a aussi ses limites. (D'autres théories peuvent être émises pour expliquer la nature morale de l'homme.)

Aucun de ces arguments ne permet d'aboutir dans notre recherche de Dieu. Ces arguments montrent peut-être qu'il est logique et raisonnable de croire en Dieu, mais aucun d'eux ne nous permet d'aller au-delà et de produire la foi ainsi qu'une vie fondée sur une relation personnelle avec Dieu, une confiance en ses promesses.

Les seuls arguments de la raison humaine finissent par être des impasses dans la recherche de Dieu. De l'aveu même des plus grands philosophes, une révélation divine est nécessaire à l'homme qui voudrait connaître Dieu. La vie même de ces philosophes témoigne souvent qu'ils auraient bien eu besoin d'une révélation. Aristote pensait que les étoiles étaient des divinités. Xénophon, qui fonda une célèbre école de philosophie, déclarait qu'aucun homme n'a pu découvrir et ne pourrait découvrir de certitudes pour ce qui est des dieux et de l'univers. Marc Aurèle murmure une phrase pessimiste : «Tout n'est que vaine opinion.» Alcméon s'exclamait : «Les dieux seuls possèdent des certitudes sur les choses terrestres; les hommes en restent aux suppositions.» Socrate pensait que l'âme existait avant la naissance; il croyait à la réincarnation, à la purification de l'âme par la tempérance et la sagesse, à la valeur des sacrifices offerts aux dieux grecs. Athènes était connue pour être la cité de la sagesse, pourtant la «sagesse humaine» produisait 30 000 dieux rien que dans cette ville.

Platon rapporte les discussions de Socrate avec certains de ses amis. Simias fait part de ses impressions sur l'âme et dit ceci :

> «Je crois Socrate, et sans doute toi aussi, qu'en pareille matière, il est impossible ou extrêmement difficile de savoir la vérité dans la vie présente; néanmoins ce serait faire preuve d'une extrême mollesse de ne pas soumettre ce qu'on en dit à une critique détaillée et de quitter prise avant de s'être fatigué à considérer la question dans tous les sens : car on est réduit ici à l'alternative ou d'apprendre ou de découvrir ce qui en est, *ou, si c'est impossible, de choisir parmi les doctrines humaines la meilleure et la plus difficile à réfuter et, s'embarquant sur elle comme un radeau, de se risquer ainsi la traversée de la vie, à moins qu'on ne puisse la faire sûrement et avec moins de danger sur un véhicule plus solide, je veux dire sur une révélation divine.*»[4]

▶ Le chemin des cinq sens et de la science

Le chemin des cinq sens dans la recherche de Dieu aboutit à une impasse. C'est aussi celui de la science qui conclut toutes choses de

---
[4] Platon, *Apologie de Socrate*, Garnier-Flammarion p. 140.

l'observation du monde physique. Les cinq sens, ces « instruments » naturels faits pour découvrir et comprendre le monde physique, ne peuvent rien nous dire sur le monde spirituel. La Bible nous enseigne que c'est spirituellement qu'on juge des questions spirituelles (1 Cor. 2.14-16). Vouloir saisir un fait spirituel à l'aide des cinq sens mène à l'échec, car Dieu est esprit, déclare Jésus (Jean 4.24).

Tant que nous chercherons Dieu dans l'univers physique, notre recherche sera vouée à l'échec. Dieu ne se laissera pas trouver de cette façon, car il veut que nous venions à le reconnaître avec foi. La foi en sa révélation est le seul accès que nous ayons à lui.

Mais qu'est-ce que la foi ? Le mot *foi* ne veut pas dire « crédulité ». La foi implique bien sûr un certain renoncement à notre sagesse humaine, mais elle implique aussi une connaissance de la sagesse divine révélée et qui peut être appréhendée par la raison. Notre foi se fonde sur la puissance spirituelle et la véracité temporelle de la Parole de Dieu.

Selon Platon, le risque de croire en « l'âme immortelle » est un risque noble :

> « Il me paraît, puisque nous avons reconnu que l'âme est immortelle, qu'il n'est pas outrecuidant de le soutenir et, quand on le croit, que cela vaut la peine d'en courir le risque, car le risque est beau. »[5]

Quel risque prenons-nous en croyant Jésus-Christ ? S'il y a un risque, le risque est le plus beau qui soit. Nous le « prendrons », car nous croyons que ce que l'homme de Nazareth a dit était juste et vrai.

▶ Le chemin du matérialisme

La philosophie matérialiste est peut-être la façon de voir le plus à la mode de nos jours. Selon cette croyance il n'existe rien au-delà de la matière. Le matérialisme est souvent lié à l'athéisme. Karl Marx y a puisé sa doctrine philosophique et politique. La théorie de l'évolution telle qu'elle était postulée par Darwin devint la base « *scientifique* » du

---

[5] Platon, *Phédon LXIII*, Garnier-Flammarion p. 176.

matérialisme. Mais cette *base* qui devait être la fondation de la *nouvelle société* marxiste a déjà été bien minée par la science elle-même. Des scientifiques de grande renommée ont vu très rapidement les défaillances des hypothèses darwiniennes.

Le matérialiste, plus que quiconque, est persuadé qu'il se suffit à lui-même, et qu'il peut très bien se passer de Dieu. Le professeur E. Pfenningsdorf écrivait : « L'explication matérialiste du monde est inacceptable. »[6]

L'argument de la philosophie matérialiste consiste à dire que nous n'avons pas l'expérience du monde spirituel et donc que le monde spirituel n'existe pas. Pourtant, ne serait-il pas possible que le monde spirituel existe quand bien même le matérialise, lui, ne l'ait jamais expérimenté ? D'autres hommes tels que Moïse, Jésus et Paul témoignent qu'ils ont eu une expérience du monde spirituel.

Même s'il est vrai que les forces agissant sur la matière ont permis le développement et l'organisation de l'univers tels que nous les connaissons maintenant, cela exclut-il nécessairement toute intervention de Dieu ? Si cela exclut toute activité de Dieu, d'où proviennent alors les forces et la matière qui ont permis à cet univers de se développer ainsi ? Nous pouvons supposer que la matière a toujours existé, ainsi que les forces capables de l'organiser. Mais nous avons vu – dans le chapitre sur la création – où mène une telle hypothèse. Elle mène à un point d'interrogation plus grand que tous les autres : la matière éternelle suppose des chances éternelles pour que l'univers soit formé.

Quant au chrétien, il croit véritablement à la grandeur de Dieu et se reconnaît petit et limité dans cet univers. Il se met à l'écoute des hommes qui proclamaient et démontraient qu'ils étaient des « prophètes » du Dieu vivant. Il se met à l'écoute de Jésus et des témoins qui l'ont connu et ont parlé de lui (1 Jean 1.1-4). Il ne met pas en doute les paroles du meilleur homme qui ait jamais vécu. Il préfère encore l'humble charpentier à tous les grands penseurs de

---

[6] « Theologische Rundschau » 1905, p. 85.

l'humanité. L'homme qui trouve Jésus n'a plus besoin du philosophe, et sa certitude est le roc sur lequel il bâtit sa vie. Il ira au bûcher pour cette certitude. Il a été touché par Dieu parce qu'il s'est laissé toucher par Lui. Il n'est pas chrétien parce que cela rend la vie plus facile… sa vie est plus dure depuis qu'il porte «sa croix». Sa foi n'est pas un «opium» mais le chemin de la «sanctification», chemin âpre et difficile. À la souffrance il oppose une arme plus forte que le stoïcisme ou la révolte. Cette arme, c'est l'amour. Il est plus difficile d'aimer que d'être stoïque ou se révolter. Jésus a pris le chemin difficile du Golgotha, le chrétien prend le chemin difficile de la foi et de l'amour : « *Heureux ceux qui n'ont pas vu, et qui ont cru* » (Jean 20.29).

L'INSPIRATION DES ÉCRITURES

« Toute l'Écriture est inspirée de Dieu et utile pour enseigner, pour convaincre, pour corriger, pour instruire dans la justice, afin que l'homme de Dieu soit formé et équipé pour toute œuvre bonne. » (2 Timothée 3.16, 17, LSG 21)

Ce texte dit littéralement que les Écritures (les textes bibliques) sont «soufflées de Dieu» (inspirées). Cette inspiration n'est pas de nature subjective ; le mot «inspiration» ne s'applique pas aux auteurs des textes qui auraient été inspirés tout en rédigeant ces textes. Ce ne sont pas les auteurs qui sont inspirés mais les textes eux-mêmes ; en outre ces textes (Écritures) sont inspirés non par leurs auteurs mais par Dieu.

C'est dans ce sens que dans leur ensemble les écrits bibliques se présentent comme inspirés, «soufflés» de Dieu :

« L'Éternel fit avertir Israël et Juda par tous ses prophètes, par tous les voyants, et leur dit : Revenez de vos mauvaises voies, et observez mes commandements et mes ordonnances, en suivant entièrement la loi que j'ai prescrite à vos pères et que je vous ai envoyée par mes serviteurs les prophètes. Mais ils n'écoutèrent point, et ils roidirent leur cou, comme leurs pères, qui n'avaient pas cru en l'Éternel, leur Dieu. » (2 Rois 17.13, 14)

« Tu les supportas de nombreuses années, tu leur donnas des avertissements par ton esprit, par tes prophètes ; et ils ne prêtèrent point l'oreille. Alors tu les livras entre les mains des peuples étrangers. » (Néhémie 9.30)

« Et nous en parlons, non avec des discours qu'enseigne la sagesse humaine, mais avec ceux qu'enseigne l'Esprit, employant un langage spirituel pour les choses spirituelles. » (1 Corinthiens 2.13)

« Après avoir autrefois, à plusieurs reprises et de plusieurs manières, parlé à nos pères par les prophètes, Dieu, dans ces derniers temps, nous a parlé par le Fils, qu'il a établi héritier de toutes choses, par lequel il a aussi créé le monde… » (Hébreux 1.1, 2)

CONCLUSION

Le langage est essentiel à notre existence. Sans le langage, aucune réalisation humaine n'aurait été possible. Le créateur est aussi celui qui nous parle à travers les Écritures de l'Ancien et du Nouveau Testaments. Ainsi, le fait que Dieu parle aux hommes dans la Bible est une réalité ancrée dans la nature même des êtres humains et dans leurs aspirations les plus profondes :

« À toujours, ô Éternel ! Ta Parole subsiste dans les cieux. De génération en génération ta fidélité subsiste ; tu as fondé la terre, et elle demeure ferme. C'est d'après tes lois que tout subsiste aujourd'hui, car toutes choses te sont assujetties. Si ta loi n'eût fait mes délices, j'eusse alors péri dans ma misère. Je n'oublierai jamais tes ordonnances, car c'est par elles que tu me rends la vie. Je suis à toi : sauve-moi ! Car je recherche tes ordonnances. » (Psaume 119.89-94)

CHAPITRE 3

DIEU

> « S'il ne pensait qu'à lui-même, s'il reprenait son esprit et son souffle, toute créature expirerait d'un seul coup, et l'homme retournerait à la poussière. »
> Job 34.14, 15

L'objection la plus commune au théisme biblique peut être exprimée ainsi : « Vous me dites que tout tend à montrer que Dieu existe, et que nul ne peut prouver qu'il n'existe pas. Pourtant, s'il existait, n'interviendrait-il pas d'une façon plus juste et évidente dans les affaires des hommes ? N'atténuerait-il pas leurs souffrances au maximum en utilisant au maximum son pouvoir ? Le fait qu'il n'intervienne pas n'est-il pas une évidence qu'il n'existe pas ? »

Face à cette objection, la première question à résoudre est donc celle-ci : « Qui est Dieu ? » Il faut noter par ailleurs que cette objection suppose l'existence de Dieu, puis consiste à porter un jugement sur ses actions « supposées ». L'athée croit que Dieu n'existe pas ; il essaie donc de juger les actions d'un être qui, à ses yeux, n'existe pas. Il nous faut définir Dieu, et c'est seulement en fonction de cette définition que nous pourrons constater si l'existence de Dieu est oui ou non cohérente avec les faits.

Comment définirons-nous Dieu ? Est-il une force impersonnelle, incapable de sentiment et de volonté ? Est-il un Être suprême capable se sentiment et de volonté ? Si Dieu est une force suprême, impersonnelle, incapable de sentiment et de volonté, il est inutile d'essayer de parler se « justice » ou « d'amour » ou de vouloir juger les actions de Dieu. Tout ce qui arrive, dans ce cas, est purement mécanique ; les souffrances de l'humanité ne peuvent pas être mises au compte d'une force incapable de sentiment et de volonté.

Si Dieu est un Être suprême, capable de sentiment et de volonté, comment pouvons-nous, avec raison, faire une telle critique de ses actions, de son caractère ? Quel Être suprême nous permettons-nous de juger ainsi ? Comment pourrait-il se tromper ?

Voici les différents arguments employés pour mettre en doute le caractère de Dieu.

1. Nier l'intégrité des témoignages bibliques.
2. Montrer que la Bible elle-même contredit ces témoignages.
3. Montrer que le caractère de Dieu et la réalité historique d'hier et d'aujourd'hui se contredisent.

Il s'agit de montrer qu'il existerait des contradictions entre le caractère de Dieu et son action dans l'histoire. Pour mener à bien une telle critique, il faut déjà connaître du mieux possible trois éléments clés :

1. Connaître les aspects du caractère de Dieu tels qu'ils sont montrés dans la Bible.
2. Pouvoir déterminer « à coup sûr » quand Dieu agit dans l'histoire, ou quand il n'agit pas directement.
3. Connaître parfaitement les plans de Dieu tels qu'ils nous sont révélés dans les Écritures.

Chacun de ces points doit être considéré, car il s'agit bien du Dieu de la Bible qui est « en jugement ». S'il s'agit d'un tout autre « dieu », d'un dieu que nous essayons de définir par nous-mêmes, sans l'aide d'une révélation, alors nous « jugeons » ce « dieu » d'une façon purement subjective. Dans ce cas, tout ce que nous pourrions conclure ne serait que vaine spéculation.

Venons-en aux arguments cités plus haut. Pouvons-nous connaître tous les aspects du caractère de Dieu ? Nous pouvons en connaître ce que la révélation du Dieu nous en dit, mais pas plus.

La Bible révèle ce que nous avons besoin de connaître pour pouvoir agir par la foi (2 Tim. 3.16sv ; Rom. 10.17). C'est seulement dans sa présence que nous connaîtrons Dieu parfaitement. Cependant, nous avons dans la personne du Christ une démonstration vivante de ce qu'est le caractère de Dieu (Jean 14.9-11 ; Héb. 1.1, 2). Jésus-Christ confirme et authentifie ce que Dieu avait déjà dit de Lui-même. Ainsi en est-il de la création, elle confirme, authentifie que Dieu est le Créateur, et que c'est donc Lui qu'il faut adorer (Rom. 1.19, 25).

Dieu est le seul vrai Dieu : Ex. 15.11, 18.11 ; Deut. 10.14-17 ; 1 Chr. 16.25 ; Ps. 95.3, 97.9 ; Jér. 2.11, 5.7, 16.20 ; Deut. 5.7 ; Ex. 20.3, 20.4, 23, 34.17 ; Lév. 19.4 ; Ex. 23.13 ; Jos. 23.7 ; Ex. 23.32 ; Deut. 6.14, 7.4, 25, 11.28, 28.14, 29.17 ; Deut. 12.31, 20.18 ; Ézé. 7.20 ; 1 Sam. 7.3 ; Jug. 10.16. Dans tous ces passages Dieu déclare qu'Il est unique et qu'Il veut être adoré comme tel.

Dieu n'est pas un Dieu physique, mais il est spirituel : Jean 4.24 ; Deut. 4.15, 16, 19 ; Ps. 147.5 ; Ésa. 40.25, 26.

Dieu a une personnalité, une intelligence, une volonté, et il est conscient : Ex. 3.14 ; 1 Cor. 2.11 ; Éph. 1.9, 11.

Dieu est un être que nous pouvons aimer et adorer. Nul n'a de contrôle sur lui (Jean 5.26). Nul ne lui est comparable (Ex. 15.11).

L'IMPORTANCE DES NOMS ATTRIBUÉS À DIEU

Dieu est une personne, et c'est pour cela qu'il a des noms. Le plus courant de ces noms est *YHWH* – prononcé *Jéhovah* ou *Yahvé* (ce nom est formé en hébreu à partir du verbe « être » : Ex. 3.14, 15) – « *Je suis celui qui suis* » ou « *je serai celui qui sera* ». Ce nom montre l'éternelle existence de Dieu mais aussi sa constance. Ce nom est donc important, mais rien ne permet de dire qu'il doit être exclusivement employé pour désigner Dieu. En fait, les textes bibliques désignent Dieu à l'aide de différents noms. C'est vrai aussi pour le Messie qui est appelé par divers noms : « On l'appellera merveilleux Conseiller, Dieu puissant, Père éternel, Prince de la paix » (Ésaïe 9.5).[1]

---

[1] On a pu répertorier 150 noms pour désigner Jésus ! 1 Jean 2.1, 2 ; Jean 1.29 ; 1 Pierre 2.25 ; Actes 10.42 ; 1 Timothée 6.15 ; Ésaïe 53.3 ; Apocalypse 3.14.

▶ Les noms de Dieu

Les autres noms qui ont été donnés par Dieu lui-même et autorisés par lui pour le désigner ou s'adresser à lui montrent les aspects variés de son caractère et de ses attributs :

El : ce nom souligne la force, la puissance de Dieu. On le trouve dans 232 versets (Gen 14.18 ; 17.1 ; Nom. 24.16).

Élohim : ce nom ne fait qu'accentuer le sens du mot *El*. *Élohim* est un nom au pluriel et montre d'une part la multiplicité des aspects de la puissance de Dieu et l'excellence de cette puissance. C'est le nom qui est employé, par exemple, dans le récit de la création (Gen. 1.1). Ce nom suggère aussi la plénitude de la « divinité » (« divinité » plutôt que « trinité ») en trois personnes, telle qu'elle nous est décrite à travers les Écritures (Col. 2.9). *Élohim* est utilisé environ 2 500 fois dans l'Ancien Testament. C'est le nom qui est associé à son œuvre de création décrite au pluriel en Genèse : « Faisons l'homme à notre image, à notre ressemblance » (Gen. 1.26).

El-Elijon : le Dieu Très-Haut (Gen. 14.18). Ce nom souligne le fait que Dieu est le seul qui mérite notre adoration. Ce nom montre aussi les prérogatives de Dieu comme unique propriétaire de tout ce qui existe, a existé, ou existera. Ainsi, le Dieu Très-Haut peut distribuer comme Il l'entend les biens de cette terre (Deut. 32.8).

El-Haï : ce nom parle du Dieu « vivant » (Psaume 42.9).

El-Shaddaï, le Dieu Tout-Puissant (Gen. 17.1). Ce nom est employé pour parler de celui qui communique Sa force, Son énergie. Dans ce nom, il y a l'idée de Dieu « qui satisfait tous nos besoins », qui nous enrichit et nous fructifie (Gen. 28.3, 4 ; Jean 15.2 ; Héb. 12.10).

El-Olam : Le Dieu éternel (Gen. 21.33). C'est le Dieu qui n'a ni commencement ni fin. « D'éternité en éternité, tu es Dieu » (Ps. 90.2).

▶ Autres noms composés qui servent à désigner Dieu

YHWH-Jiré : « l'Éternel pourvoira » (Gen. 22.14).

YHWH-Elohim : « l'Éternel Dieu » (Gen. 2.5, 8, 15, 16) ; en hébreu ce nom composé souligne le rapport de l'homme avec celui qui est son créateur (*Élohim*), et le rapport d'Israël avec celui qui est son rédempteur (Gen. 2.16, 17-24 ; 3.8-19, 21 ; 24.7 ; 28.13).

YHWH-Rapha : « l'Éternel qui te guérit » (Ex. 15.26). La guérison physique et la guérison morale peuvent toutes deux être appliquées à ce nom.

YHWH-Nissi : « l'Éternel, ma bannière » (Ex. 17.8-15). C'est Dieu qui en cette circonstance fut victorieux des Amalécites.

YHWH-Shallum : « l'Éternel paix » (Jug. 6.24). Voir Éph. 2.4 ; Col. 1.20.

YHWH-Raah : « l'Éternel est mon berger » (Ps. 23.1). Il est le berger qui donne Sa vie pour ses brebis (Ps. 22 et Jn. 10.11).

YHWH-Tsidkenu : « l'Éternel notre justice » (Jér. 23.6) – c'est le nom qui sera aussi donné au Messie, « le germe de David » (Jér. 23.5).

YHWH-Sabaoth : « l'Éternel des armées » (1 Sam. 1.3 ; Ps. 24.10, etc.) Ce nom souligne que Dieu est le maître des armées. Les hommes se battent, mais Dieu décide des combats. Nul n'a la victoire si Dieu n'y consent. Nul n'est vaincu si Dieu n'y consent.

YHWH-Shammah : « l'Éternel est ici » (Ézé. 48.35). Dieu est toujours parmi les siens (Ps. 16.10 ; 46.8 ; Mat. 28.20 ; Héb. 13.5).

Adonaï-YHWH : « l'Éternel Dieu » (Gen. 3.1). Ce nom englobe des sens variés. *Adonaï* veut dire « maître », et c'est en cette qualité que Dieu demande notre obéissance. Il est le maître de tous les hommes (Jos. 7.8-11 ; Jean 13.13).

« Père ». Ce nom souligne la relation intime entre Dieu et Israël (Deut. 32.6 ; Ésa 63.16), et entre Dieu et ceux qu'Il a rachetés par le sang de son Fils (Mat. 6.9 ; 1 Cor. 8.6 ; Éph. 3.14).

Les textes parlent souvent du nom de Dieu au singulier, mais cela ne signifie pas qu'on ne puisse appeler Dieu que par un seul nom. L'expression biblique « nom » désigne la personnalité, le caractère, le rang ou les qualités d'une personne; connaître le nom d'une personne, c'est la connaître personnellement, d'une manière intime. Il en est ainsi de la connaissance du nom de Dieu : « L'Éternel est un refuge pour l'opprimé, un refuge au temps de la détresse. Ceux qui connaissent ton nom se confient en toi » (Psaume 9.10, 11). Ceux qui connaissent son « nom » sont ceux qui le connaissent personnellement, sont ceux qui connaissent sa personne, ses qualités et qui mettent leur confiance en lui, en son « nom ».

> « Le nom de l'Éternel est une tour forte ;
> Le juste s'y réfugie et se trouve en sûreté. »
> (Proverbes 18.10)

LA BIBLE RÉVÈLE LES ATTRIBUTS DE DIEU

Dans les écrits bibliques, nous pouvons distinguer trois catégories d'attributs divins :

1. Les attributs qui appartiennent à Dieu en tant qu'Être absolu qui n'a besoin d'aucune autre cause que lui-même pour exister.

2. Les attributs qui appartiennent à Dieu de par Sa relation avec Ses créatures.

3. Les attributs qui appartiennent à Dieu en tant que juge ou maître d'un univers où se trouvent des êtres moraux.

▶ **Les attributs de Dieu en tant qu'Être absolu**

L'immensité de Dieu – « Mais quoi ! Dieu habiterait-il véritablement avec l'homme sur la terre ? Voici les cieux, et les cieux des cieux ne peuvent te contenir » (2 Chr. 6.18).

Dieu remplit tout l'univers. L'univers n'est qu'une infime extension de Dieu. Si Dieu était comparé à un cercle, le centre de ce cercle serait partout, et la circonférence nulle part.

L'existence éternelle de Dieu – Il est « l'Éternel, Dieu de l'éternité » (Gen. 21.33). Yahvé veut dire « celui qui est » (Ex. 3.14). Il n'y a de passé et de futur que pour l'homme (cf. Ps. 90.2 ; 102.25). Dieu est le seul à avoir ni commencement ni fin. « L'éternité » Lui appartient vraiment. Cet attribut est aussi donné à Jésus dans l'Apocalypse (Psaume 102.12 ; 145.10-13 ; Apo. 21.6 ; 22.13). « Au roi des siècles, immortel, invisible, seul Dieu, soient honneur et gloire, aux siècles des siècles ! Amen ! » (1 Tim. 1.17 et Ps. 145.13). Dieu a existé de toute éternité et existera de toute éternité. Lui-même le révèle d'une façon sublime dans sa Parole (Gen. 21.33 ; Deut. 33.27, Ps. 90.4 ; 102.12, 25, 27 ; 145.13 ; Ésa. 43.10 ; 44.6 ; 57.15 ; Apo. 1.4).

L'immutabilité de Dieu (voir Jac. 1.17) – Dieu demeure identique à lui-même. « Mais toi, tu restes le même » (Héb. 1.12). Dans son essence, son caractère, sa volonté, sa loi, Dieu est immuable. Ses performances et ses promesses sont constantes et les mêmes à jamais (Nom. 23.19 ; Ps. 33.11 ; Luc 27 ; Mal. 3.6 ; Héb. 6.17 ; Jac. 1.17). Les anges n'étaient pas immuables et abandonnèrent leur propre demeure (Jude v. 6). Des mots tels que « moins bien » ou « meilleur » ne peuvent pas être appliqués à Dieu. Il n'est jamais meilleur car il est de toute façon parfait au départ (Matthieu 5.48) ; il n'est jamais « moins bien » car il cesserait alors d'être parfait. Il n'y a pas en Lui de changement (Ex. 3.14 ; 1 Sam. 15.25 ; Ésa. 14.24 ; 46.9, 10). Les promesses et les plans de Dieu demeurent les mêmes. Dieu change le cours de son action seulement lorsque cela est rendu nécessaire par l'action de l'homme. Quand Dieu se « repent » dans la Bible, il s'agit d'un anthropomorphisme qui montre les actions de Dieu (punition ou châtiment par ex.) qui changent en fonction de la conduite humaine (Ex. 32.14 ; Jonas 3.10).

Dieu se suffit à Lui-même (son aséité) – Il n'a besoin de personne pour se compléter ou s'améliorer. « Si j'avais faim, je ne te le dirais pas, car le monde est à moi et tout ce qu'il renferme » (Ps. 50.12). De même, nous ne sommes pas indispensables à Dieu.

Dieu est « un » – Il y a *un* seul Dieu qui existe de toute éternité et qui se manifeste dans l'œuvre de la rédemption de trois manières différentes appelées « Père », « Fils » et « Saint-Esprit » (Ex. 20.3 ; Deut. 4.35 ; 6.4 ; Ps. 86.10 ; 1 Tim. 2.5 ; Jean 1.1sv ; 10.33 ; 8.58 ; 1 Cor. 2.8 ; Jac. 2.1 ; Rom. 9.5 ; 1 Jn. 5.20 ; Jean 20.28 ; Mat. 22.41sv ; Héb. 1.8 ; Col. 2.9 ; Phil. 2.6 ; Actes 5.3, 4). Chacune de ces manifestations de Dieu dans son œuvre de rédemption possède les mêmes attributs de la « divinité » (Col. 2.9). Chacune de ces manifestations de Dieu a un rôle particulier dans la rédemption. Lorsque ce plan aura été pleinement réalisé, Dieu sera « tout en tous » (1 Cor. 15.28).

▶ **Les attributs de Dieu en tant que Créateur ayant des relations avec ses créatures**

Ces attributs ont parfois été appelés des attributs « relatifs » (qui n'est tel que par rapport à autre chose).

L'omnipotence de Dieu – « Rien de ce qui impliquerait "contradiction" n'appartient à l'omnipotence de Dieu. »[2] Le mot omnipotence vient de *omni* (tout) et *potence* (puissance). À première vue, on penserait que l'omnipotence est un attribut absolu de Dieu. Expliquons ce que nous entendons par « absolu » et « relatif ». Nous croyons que l'omnipotence de Dieu est en elle-même absolue (dans le sens qu'elle n'a pas de limite), mais elle n'est pas, cependant, un attribut absolu. Elle est un attribut relatif puisqu'il dépend d'autres facteurs. Un de ces facteurs, c'est la volonté de Dieu. Le fait que Dieu ait une volonté, qu'il veuille faire certaines choses et ne veuille pas faire d'autres choses, est un facteur déterminant dans la mise en application de son omnipotence. Nous définirons donc la Toute-Puissance de Dieu comme « l'attribut de Dieu par lequel Il peut accomplir tout ce qu'Il veut accomplir » (cf. Jér. 32.17, 18). Du fait de son immutabilité, Dieu ne peut pas mentir, pécher ou agir contrairement à ses attributs absolus (Nom. 23.19 ; 1 Sam. 15.29 ; 2 Tim. 2.13 ; Héb. 6.1 ; Jac. 1.13, 17). Son omnipotence s'harmonise nécessairement avec ses attributs absolus.

En outre, Dieu est omnipotent dans le sens où son énergie est sans limite. En tant que source de toute énergie, il ne se lasse jamais (cf. Ésa. 40.27-31 ; Nah. 1.3, 6).

Son omnipotence implique aussi que la nature est entièrement assujettie à sa volonté (cf. Job 42.2). Cela implique aussi que les hommes doivent être entièrement assujettis à son autorité (cf. Jac. 4.12-15 ;

---

[2] Thomas d'Aquin. *Summ. Théol.* I & QXXV Art. 4

Dan. 4.25). Les anges doivent aussi lui être assujettis (Ps. 103.20 ; Héb. 1.13, 14). Même les puissances spirituelles rebelles à Dieu doivent courber devant sa volonté (Job. 1.6 ; 2.1). En toutes choses l'attribut relatif de son omnipotence est rendu relatif par l'attribut absolu de sa suprême volonté (Ésa. 59.1, 2).

L'omniscience de Dieu (omniscient = qui sait tout ; de *omni* : tout ; *science* : connaissance) – Dieu connaît le passé, le présent et le futur d'une façon parfaite et infaillible. Pour lui, il n'y a d'ailleurs pas de passé, de présent ou de futur au sens où nous l'entendons. « Notre Seigneur est grand, puissant par sa force ; son intelligence n'a point de limite » (Ps. 147.5). Cette omniscience, Dieu ne l'a nullement acquise par l'effort et au cours du temps. Elle fait partie de lui-même, de son Être. « Car l'Éternel est un Dieu qui sait tout » (1 Sam. 2.3 – voir Job 37.16 ; Ex. 3.19, Ps. 139.1, 2, 4 ; Prov. 5.21 ; Rom. 11.33).

L'omniscience peut être classée comme un attribut relatif du fait de sa relation avec l'attribut de l'omnipotence. La Toute-Puissance de Dieu pour agir peut être modifiée par sa Toute-Connaissance. Même l'homme qui est sensé n'utilise pas ses capacités sans tenir compte de ses connaissances. La puissance divine qui permit de créer le monde implique qu'elle fut appliquée en fonction de l'omniscience divine. Dieu devait savoir « comment » créer pour « pouvoir » créer. Nous croyons que l'homme fut véritablement créé « de la poussière de la terre » (Gen. 2.7), mais il serait puéril de penser que cette action de Dieu fut un « simple tour de magie ». Dieu n'a pas fait un tour de prestidigitation ; il a créé l'homme « de la poussière de la terre » selon des lois connues par Lui.

Ceux qui postulent la « création » de l'homme par « l'évolution » n'ont pas compris et accepté l'omniscience ainsi que l'omnipotence de Dieu. Dieu est capable de savoir comment il faut créer un homme de la « poussière de la terre », sans qu'il ait besoin d'avoir recours à l'évolution… même si cet homme paraît avoir trente ans d'âge au moment de sa création.

Même la « vérification » par le carbone 14 ne peut démentir cette vérité sur la nature et les capacités de Dieu. Est-il hors de question que Dieu soit capable d'accélérer le processus de désintégration du carbone, de telle sorte que le test du C^{14} aurait donné un âge de 30 ans à Adam, alors qu'en réalité il n'était âgé que de quelques secondes ? Dieu savait comment faire un homme de la poussière de la terre, tout comme il savait comment faire voler un oiseau. Aujourd'hui, en copiant sur l'oiseau, l'homme est capable de voler, mais c'est Dieu qui le lui a appris... puisque c'est Dieu qui a créé l'oiseau. La science de l'aéronautique, par exemple, s'est débattue avec des calculs complexes et de nombreuses expériences pour faire voler le premier avion... mais pour certains le fait qu'un oiseau puisse voler serait seulement le résultat du « hasard » et de la « nécessité ».

Croire au Dieu de la Bible ou au témoignage selon lequel Dieu créa Adam à partir de la « terre » ne signifie pas un manque de « science » à l'œuvre dans cette création de l'homme. C'est par la « sagesse », et grâce à elle, que Dieu a créé l'univers : « Lorsqu'Il posa les fondements de la terre, j'étais (la sagesse) à l'œuvre auprès de Lui » (Prov. 8.22-31). Que nous ne puissions tout expliquer de la création et de bien d'autres phénomènes de l'univers ne prouve nullement qu'il n'existe pas d'explication. Cela prouve aussi que nous ne sommes pas omniscients.

L'omniscience de Dieu inclut non seulement la connaissance des événements qui se dérouleront dans le futur, mais la science parfaite, la science dans toutes ses dimensions. « La science n'est ni omnisciente, ni infaillible » disait André Maurois. En effet, la science humaine n'est nullement « omnisciente » alors que celle de Dieu est sans aucune limite.

Ce que nous avons dit de l'omniscience de Dieu peut aussi s'appliquer à son omnipotence. Ces deux attributs de Dieu ne sont nullement limités en eux-mêmes. Mais ils deviennent limités du fait même que Dieu a une volonté. Dieu n'appliquera son omnipotence et son omniscience qu'en fonction de sa volonté.[3]

---

[3] Voyez aussi Rom. 11.33 ; 1 Cor. 2.7 ; Col. 1.16 ; Job 32.8, Ps. 104.24 ; 1 Tim. 1.17 ; Héb. 4.13 ; Actes 15.18 ; Ps. 139.6, 7 ; Prov. 3.19 ; Jér. 10.12 ; Ps. 74.17 ; Rom. 8.28 ; Col. 2.3 ; 1 Pi. 1.12 ; Éph. 3.10 ; 1 Cor. 1.20 ; Ps. 77.9 ; 1 R. 3.9 ; Jac. 1.5.

▶ **Les attributs de Dieu en tant que maître d'un univers où vivent des êtres moraux (qui sont soumis à un critère de « bien » et de « mal »)**

La Sainteté de Dieu – La Sainteté de Dieu est tout d'abord intrinsèque (qui appartient à ou qui constitue la nature même de Dieu). Dieu est celui qui est Saint (Job 6.10) et, en cela, nul ne lui est égal. En cela il est différent de toutes ses créatures (Ex. 15.11 ; Ésa. 57.15 ; 1 Sam. 2.2). Il est plus que « l'exemple » de la sainteté, Il est la source de toute sainteté. Dieu est dénué de toute imperfection (Mat. 5.48 ; 1 Sam. 2.2 ; Ps. 99.9 ; 111.9 ; Apo. 15.4). Donc, la sainteté de Dieu, c'est Dieu Lui-même. De nombreuses expressions montrent et décrivent cette sainteté de Dieu : par exemple, « Dieu est lumière », « Dieu est justice », « Dieu est amour ».

Dieu est éternel de même que sa sainteté (Ésa. 6.3 ; Marc 10.18 ; 2 Cor. 7.1 ; Apo. 4.8).

La sainteté de Dieu est la source de tout critère de sainteté (cf. 1 Pi. 1.16).

La sainteté de Dieu met en évidence l'imperfection de l'homme (Job. 34.10 ; Hab. 1.13).

La sainteté parfaite de Dieu ne peut que lutter, sans compromis, contre tout ce qui s'y oppose. La notion de « justice » divine découle de la notion que Dieu est parfaitement saint (cf. Deut. 32.3, 4 ; Ps. 36.6 ; 115.3 ; 119.142). Les concepts de « justice » et de « sainteté » sont indissociables. Nous sommes exhortés dans la foi chrétienne à « revêtir l'homme nouveau dans une justice et une sainteté que produit la vérité » (Éph. 4.24).

Toute notion de moralité est inutile, absurde, tout à fait relative si elle n'a pas, à sa source, celui qui est parfaitement Saint (voir Ézé. 36.16-21). La moralité est une « farce » si elle n'est pas accompagnée de la notion de Sainteté. L'humanisme athée qui rejette et renie Dieu se prétend la source de la moralité ; mais pour pouvoir produire un critère de moralité qui soit juste, il faut avoir la sainteté parfaite de Dieu. Pour pouvoir juger justement, il faut pouvoir juger comme Dieu juge. Toute moralité qui ne se base pas sur Dieu est vouée à l'échec, à la décadence, aux variations, à l'anarchie. Elle est l'empreinte de celui qui l'a produite : l'être humain.

« La nouvelle que nous avons apprise de Lui, et que nous vous annonçons, c'est que Dieu est lumière, et qu'il n'y a point en Lui de ténèbres. Si nous disons que nous sommes en communion avec Lui, et que nous marchions dans les ténèbres, nous mentons, et nous ne pratiquons pas la vérité. Mais si nous marchons dans la lumière, comme il est lui-même dans la lumière, nous sommes mutuellement en communion, et le sang de Jésus, son Fils, nous purifie de tout péché. Si nous disons que nous n'avons pas de péché, nous nous séduisons nous-mêmes, et la vérité n'est point en nous. » (1 Jean 1.5-8)

L'amour de Dieu –

« Bien-aimés, aimons-nous les uns les autres ; car l'amour est de Dieu, et quiconque aime est né de Dieu et connaît Dieu. Celui qui n'aime pas n'a pas connu Dieu, car Dieu est amour. L'amour de Dieu a été manifesté envers nous en ce que Dieu a envoyé son Fils unique dans le monde, afin que nous vivions par Lui. Et cet amour consiste, non point en ce que nous avons aimé Dieu, mais en ce qu'Il nous a aimés et a envoyé son Fils comme victime expiatoire pour nos péchés. Bien-aimés, si Dieu nous a ainsi aimés, nous devons aussi nous aimer les uns les autres. » (1 Jean 4.7-11)

On a coutume d'entendre que l'amour est l'attribut le plus important chez Dieu. Il est douteux cependant que les Écritures nous enseignent à faire une telle distinction entre les attributs de Dieu. Il est toujours dangereux de considérer un des attributs de Dieu au-dessus des autres. Tous sont parfaits, importants et nécessaires à la nature de Dieu. On ne peut pas faire une hiérarchie entre la sainteté, la justice et l'amour de Dieu. Ces trois attributs sont en eux-mêmes parfaits, nécessaires et complémentaires.

Comprendre l'amour de Dieu. – On a aussi coutume d'entendre que Dieu n'aime que ceux qui lui obéissent et qui l'aiment en retour.

C'est là une conception fausse de l'amour de Dieu. Voyez Mat. 5.44-48 et Rom. 5.6-8. Dieu aime les êtres humains, qu'ils lui obéissent ou non.

L'idée que Dieu aime seulement celles et ceux qui l'aiment en retour est précisément ce que Jésus corrige en Matthieu chapitre 5 :

> « Vous avez appris qu'il a été dit : Tu aimeras ton prochain, et tu haïras ton ennemi. Mais moi, je vous dis : Aimez vos ennemis, bénissez ceux qui vous maudissent, faites du bien à ceux qui vous haïssent, et priez pour ceux qui vous maltraitent et qui vous persécutent, afin que vous soyez fils de votre Père qui est dans les cieux ; car il fait lever son soleil sur les méchants et sur les bons, et il fait pleuvoir sur les justes et sur les injustes. Si vous aimez ceux qui vous aiment, quelle récompense méritez-vous ? Les publicains aussi n'agissent-ils pas de même ? Et si vous saluez seulement vos frères, que faites-vous d'extraordinaire ? Les païens aussi n'agissent-ils pas de même ? Soyez donc parfaits, comme votre Père céleste est parfait. »

Si Dieu n'aimait pas le pécheur, c'est-à-dire son ennemi, comment Jésus pourrait-il nous donner l'amour du Père en exemple ? Mais il faut bien comprendre que « l'amour » dont il est question ici n'est ni l'amitié ni l'amour familial ; c'est l'amour divin qui veut toujours notre bien. Et nous devons toujours vouloir le bien de nos ennemis, de ceux qui nous veulent du tort. Il faut aussi rappeler que dans l'histoire du fils perdu et retrouvé (Luc ch. 15), le père ne cesse pas d'aimer son fils en raison de son comportement. En ce qui concerne le salut, la Bible nous enseigne que nous sommes sauvés non pas en raison de notre amour pour Dieu, mais en raison de l'amour que Dieu a maintenu envers nous et qui s'est manifesté en Jésus-Christ :

> « L'amour de Dieu a été manifesté envers nous en ce que Dieu a envoyé son Fils unique dans le monde, afin que nous vivions par lui. Et cet amour consiste, non point en ce que nous avons aimé Dieu, mais en ce qu'il nous a aimés et a envoyé son Fils comme victime expiatoire pour nos péchés. Bien-aimés, si Dieu nous a ainsi aimés, nous devons aussi nous aimer les uns les autres. » (1 Jean 4.9-16)

Dieu montre son amour en ce qu'il a pourvu l'homme avec tout ce qui lui est nécessaire pour vivre (voir Mat. 5.45, Ps. 145.9 ; Act. 14.17, 1 Tim. 4.3, 4). De nombreuses objections sont faites à cela. Voyons certaines de ces objections. On dira par exemple de Mat. 5.45 que cela ne s'applique pas à tous les êtres humains. Il est vrai qu'il y a des sécheresses en certains endroits du globe. Les sécheresses viennent avec une certaine régularité dans un certain type de climat ; leur utilité ressort lorsqu'on considère l'équilibre des cycles de la pluie sur cette terre. Jésus parle d'une vérité que tous peuvent constater d'une manière générale : c'est qu'en même temps les justes et les injustes sont bénis par le soleil et la pluie. Dans cet enseignement de Jésus, celui-ci veut nous apprendre à faire du bien à tous les hommes, même aux méchants.

Que penser des famines ? Celles et ceux qui endurent des famines ne sont pas démunis de nourriture simplement parce que cette terre ne contient pas ou ne produit pas le nécessaire. En fait, la planète terre est suffisamment pourvue par Dieu afin que tous les êtres humains aient à manger à leur faim. Un homme peut être démuni parce que ses frères humains agissent injustement avec lui, en particulier ceux qui détiennent un pouvoir politique ou social. Dans les dictatures et les systèmes totalitaires les êtres humains souffrent, car ils sont traités « comme du bétail ».

La Bible enseigne que l'humanité est une grande famille dans laquelle chacun doit pourvoir de son superflu ce qui manque aux nécessités de son prochain (voir 1 Cor. 8.13). L'injustice sociale est ainsi condamnée (1 Pierre 5.1-6). Les riches qui se disent chrétiens doivent aider les nécessiteux (1 Tim. 6.17-19 ; Luc 16.25). Les chrétiens se doivent, selon la loi de Dieu, d'abord à leurs frères dans la foi et à leurs familles (Jac. 2.14-16 ; 1 Tim. 5.8). Toutefois, l'oppression du pauvre est condamnée par Dieu (Jac. 2.1-4).

Toutefois, la nécessité du partage et de la générosité ne peut jamais être imposée par la force, la contrainte ; elle doit être une expression du cœur, une expression d'amour et non une contrainte. À partir du moment où la générosité est imposée de force (par exemple au moyen du gouvernement), elle se transforme inévitablement en servitude pour les populations. Dieu nous montre son amour en ce qu'il nous a accordé la possibilité d'aimer – ce qui est le plus grand des dons (1 Cor. 12.31 ; 13.13). Voyez aussi le Cantique des Cantiques 8.6,7 ; Jean 15.13.

Dieu montre son amour en ce qu'Il ne nous a pas laissé sans révélation de Lui (Rom. 1.21 ; 1.32 ; 2.2 ; 2.4 ; 2.17-20 ; Jean 8.32, 36 ; Héb. 1.1, 2 ; 1 Tim. 2.4-6 ; 1 Tim. 1.7, 8 ; 2 Tim. 3.15-17 ; Jac. 1.18, 21 ; Éph. 1.13.).

Dieu prouve son amour en ce qu'il a donné son Fils unique pour le salut des hommes (Jean 3.16 ; 4.10 ; 15.9 ; 1 Jean 4.16) : « Mais Dieu, qui est riche en miséricorde *à cause du grand amour dont Il nous a aimés*, nous qui étions morts par nos offenses, nous a rendus à la vie avec Christ… » (Éph. 2.4, 5). « Voyez *quel amour le Père nous a témoigné* pour que nous soyons appelés enfants de Dieu. Et nous le sommes » (1 Jean 3.1).

Cette expression de l'amour de Dieu manifestée dans la rédemption par son Fils est appelée sa « grâce », son « don » (Éph. 1.6, 7 ; 2.7, 8 ; Tit. 2.11 ; Rom. 3.23-26). L'amour de Dieu qui est manifesté dans le pardon de nos fautes est appelé sa « miséricorde », sa « compassion » (Luc 1.54, 72, 78 ; Rom. 9.16, 18 ; 15.9 ; Éph. 2.4). L'expression de l'amour de Dieu qui est manifestée dans le pardon que Dieu accorde malgré nos fautes est appelée sa « patience » ou « longanimité » (Rom. 2.4 ; 9.22 ; 1 P. 3.20 ; 2 P. 3.15).

La justice de Dieu – Le mot justice (*dikaiosuné*) dans les Écritures a le plus souvent le sens de « droiture ». La droiture est un attribut de Dieu (Rom. 3.21, 26 ; Ésa. 28.17 ; Héb. 1.9). L'homme devient droit (ou juste) en se conformant au critère divin (Luc 1.6 ; Ps. 106.30sv ; 2 Pi. 2.8). Cette « justice » de l'homme est cependant toujours imparfaite (Gal. 3.11 ; Phil. 3.9 ; Rom. 3.19, 20). Par l'œuvre de Jésus, l'être humain peut être parfaitement justifié aux yeux de Dieu (déclaré juste) ; mais il ne l'est pas en raison de son propre mérite, mais par le mérite de Jésus-Christ (Rom. 3.24 ; Phil. 3.9, 10).

Dieu est le seul Être parfaitement droit (juste) ; il est le seul qui a le droit d'établir un critère de droiture (justice) et de juger par rapport à ce critère (cf. 2 Tim. 4.8 ; Héb. 12.23 ; Jac. 5.9 ; Rom. 2.16 ; Rom. 14.10-12).[4]

Dieu révèle sa justice et son amour en venant vivre parmi les hommes en son Fils Jésus : le *logos* (grec pour « parole »), Jésus-Christ, est la révélation la plus complète de tous ces attributs de Dieu, en particulier de son amour (cf. Jean 1.14, 18 ; Héb. 1.1) – c'est pour cela qu'Il pouvait affirmer :

> « Je suis le chemin, la vérité et la vie. Nul ne vient au Père que par moi. Si vous me connaissiez, vous connaîtriez aussi mon Père. Et dès maintenant vous le connaissez, et vous l'avez vu… *Celui qui m'a vu a vu le Père.* » (Jean 14.6, 7, 9)

Le plan de Dieu – Si l'être humain est incapable de connaître ses propres voies (Jér. 23.10), comment connaîtrait-il les voies de Dieu (Ésa. 29.16 ; 45.9) ? Il faut bien comprendre qu'en dehors de toute révélation divine, nous jugeons le caractère et les actions de Dieu d'un point de vue purement subjectif. Il est donc présomptueux de vouloir déterminer, en dehors d'une révélation de Dieu, quand Dieu agit ou quand il n'agit pas dans tel ou tel événement historique.

Pour déterminer quand Dieu agit ou non dans l'histoire, nous devons donc nous fier entièrement et uniquement à la révélation de Dieu contenue dans sa Parole. Cela signifie qu'il nous faut bien connaître les plans de Dieu tels qu'ils sont révélés dans les Écritures. La vie, les enseignements, la mort, la résurrection de Jésus-Christ et son ascension (son règne actuel et à venir) sont les étapes les plus importantes du plan de Dieu.

> « Et comme Moïse élève le serpent dans le désert, il faut de même que le Fils de l'homme soit élevé, afin que quiconque croit en Lui ait la vie éternelle. Dieu, en effet, n'a pas envoyé son Fils dans le monde pour qu'Il juge le monde, mais pour que

---

[4] Notez les différents aspects de la justice de Dieu dans les versets suivants :
Gen. 18.24, 25 ; Ex. 9.23, 27 ; Deut. 32.3, 4 ; 1 R. 8.32 ; 2 Chr. 15.2, 6 ; Job 8.3 ; 37.23 ; Ps. 7.9, 10 ; 11.4 ; 89.15 ; 96.11-13 ; 98.1-3 ; 116.5 ; 119.142 ; 145.17 ; Ésa. 6.3 ; 45.21 ; Jér. 12.1 ; Dan. 9.12-14 ; Soph. 3.5 ; Mat. 25.31-46 ; Jn. 17.25 ; Rom. 3.25 ; 2 Thess. 1.6, 7 ; 2 Tim. 4.8 ; Héb. 6.10 ; 1 Jn. 1.9 ; Apo. 16.5, 6.

le monde soit sauvé par Lui. Celui qui croit en Lui n'est point jugé ; mais celui qui ne croit pas est déjà jugé, parce qu'il n'a pas cru au nom du Fils unique de Dieu. Et ce jugement c'est que, la lumière étant venue dans le monde, les hommes ont préféré les ténèbres à la lumière, parce que leurs œuvres étaient mauvaises. Car quiconque fit le mal hait la lumière, et ne vient point à la lumière, de peur que ses œuvres ne soient dévoilées ; mais celui qui agit selon la vérité vient à la lumière, afin que ses propres œuvres soient manifestées, parce qu'elles sont faites en Dieu. » (Jean 3.14-21)

Ici, nous voyons quel est le plan de Dieu pour les êtres humains. La mort de Christ semble être un moment tragique de l'histoire, mais c'est pourtant le moment le plus beau de l'histoire… le moment où Dieu offre son Fils unique pour le salut du monde.

LE THÉISME BIBLIQUE ET LE CARACTÈRE DE DIEU

La foi chrétienne postule un Dieu qui est le créateur souverain de toutes choses, qui régit l'univers physique et spirituel, et qui détermine le début et la fin de toutes choses.

On émet parfois l'objection que si Dieu fut dans la nécessité de produire la création, cela montre qu'il manquait quelque chose à Dieu. Certains en concluent que (a) Dieu n'était pas parfait puisqu'Il lui manquait la gloire de l'univers, et (b) l'univers doit être éternel, car cette gloire dut toujours manquer à Dieu qui est éternel.

La création n'ajoute rien à la gloire de Dieu ; elle manifeste et révèle d'une certaine façon la gloire parfaite de Dieu. Quand Dieu le voulut, cet univers fit son apparition comme expression de sa volonté :

« Ainsi parle l'Éternel, le Saint d'Israël et son créateur : Veut-on me questionner sur l'avenir, me donner des ordres sur mes enfants et sur l'œuvre de mes mains ? C'est moi qui ai fait la terre, et qui sur elle ai créé l'homme ; c'est moi, ce sont mes mains, qui ont déployé les cieux, et c'est moi qui ai disposé toute leur armée. » (És. 45.11, 12)

Après que Dieu eut créé l'univers, il ne laissa pas l'univers fonctionner seul :

« Il compte le nombre des étoiles, Il donne à toutes des noms. Notre Seigneur est grand, puissant par sa force ; son intelligence n'a point de limite... Il couvre les cieux de nuages, Il prépare la pluie pour la terre, il fait germer l'herbe sur les montagnes. Il donne la nourriture au bétail, aux petits du corbeau quand ils crient. » (Ps. 147.4, 5, 8, 9)

Le Nouveau Testament enseigne ceci : « Dieu, dans ces derniers temps, nous a parlé par le Fils, qu'Il a établi héritier de toutes choses, par lequel Il a aussi créé le monde, et qui, étant le reflet de sa gloire et l'empreinte de sa personne, et *soutenant toutes choses par sa parole puissante...* » (Héb. 1.2, 3). Cette vision chrétienne de la providence de Dieu est ce qui nous permet de croire que « l'Éternel aime ceux qui le craignent, ceux qui espèrent en sa bonté » (Ps. 147.11). Cela signifie aussi que « l'Éternel affermit les pas de l'homme de bien, et il prend plaisir à sa voie : s'il tombe, il n'est pas terrassé, car l'Éternel lui donne la main » (Ps. 37.23, 24). Dans un univers créé, organisé et régi par Dieu, le chrétien peut être certain que « toutes choses concourent au bien de ceux qui aiment Dieu » (Rom. 8.28).

L'APPARITION DU PÉCHÉ ET DE LA MORT DANS UN MONDE PARFAIT

Un enseignement fondamental des Écritures est qu'à l'origine la création était bonne, et même *très bonne* (Genèse chapitre 1). L'être humain – homme et femme – avait été créé à « l'image de Dieu ». Contrairement aux croyances répandues de l'antiquité (en particulier dans les sectes de la gnose aux premiers siècles de notre ère), le corps physique, le monde matériel, n'est pas ce que Dieu voit comme étant impur. Même les besoins naturels de l'homme ne sont pas « impurs » aux yeux du Créateur ; Jésus le dit clairement en Marc 7.18-23 :

« Il leur dit : Vous aussi, êtes-vous donc sans intelligence ? Ne comprenez-vous pas que rien de ce qui du dehors entre dans l'homme ne peut le souiller ? Car cela n'entre pas dans son cœur, mais dans son ventre, puis s'en va dans les lieux secrets, qui purifient tous les aliments. Il dit encore : *Ce qui sort de l'homme, c'est ce qui souille l'homme. Car c'est du dedans, c'est du cœur des hommes, que sortent les mauvaises pensées*, les adultères, les impudicités, les meurtres, les vols, les cupidités, les méchancetés, la fraude, le dérèglement, le regard envieux, la calomnie, l'orgueil, la folie. Toutes ces choses mauvaises sortent du dedans, et souillent l'homme. »

Ce qui est impur pour Dieu se situe non pas au niveau du corps, mais au niveau du cœur, des pensées. Bien entendu, on constate que l'adultère et l'impudicité (les relations sexuelles illicites) font partie de cette impureté car provenant d'un cœur impur. Le corps toutefois n'est pas en soi impur ; c'est l'usage qu'on en fait qui peut l'être. La sexualité dans les limites données par Dieu n'est pas quelque chose d'impur, mais la sexualité qui ne tient pas compte de ces limites devient un péché (voir par exemple l'homosexualité en Romains 1.24 : « C'est pourquoi Dieu les a livrés à l'impureté, selon les convoitises de leurs cœurs ; en sorte qu'ils déshonorent eux-mêmes leurs propres corps »).

Le *logos* (la Parole), qui était Dieu et qui était avec Dieu de toute éternité, a pu devenir chair précisément en raison de cette bonté, de cette pureté, de la création matérielle de Dieu. Puisque le corps humain n'est pas en soi impur, que les fonctions du corps ne sont pas en soi impures sur le plan spirituel, Dieu a pu prendre une forme humaine et venir vers nous (Jean 1.1-14 ; Philippiens 2.5-11). Le *logos*, Jésus, fut le seul à avoir vécu sans péché et devint, de ce fait, un médiateur parfait (1 Pierre 2.22 ; 2 Corinthiens 5.21 ; Hébreux 4.15 ; 1 Jean 3.5).

Dans l'univers créé par Dieu l'ange et l'homme, de leur propre volonté, introduisirent le péché et furent ainsi responsables de la dégradation de ce que Dieu avait créé parfait à l'origine. La créature est donc responsable des souffrances physiques et morales qui se sont abattures sur cet univers :

« Car la création a été soumise à la vanité, non de son gré, mais à cause de celui qui l'y a soumise, avec l'espérance qu'elle aussi sera affranchie de la servitude de la corruption, pour avoir part à la liberté de la gloire des enfants de Dieu. Or, nous savons que, jusqu'à ce jour, la création tout entière soupire et souffre les douleurs de l'enfantement. » (Rom. 8.20-22)

L'univers fut donc créé parfait, et c'est la créature qui a choisi de corrompre ce que Dieu avait fait et qui a persisté dans ce choix de corruption (voyez aussi Gen. 3.17, 18 ; 5.29). Dans le texte de Romains chapitre 8, une allusion très nette est faite à la résurrection, qui est appelée « la rédemption de notre corps » (Rom. 8.23). Les infirmités physiques, ainsi que la mort (qui vient d'infirmités à plus ou moins longue échéance), font partie intégrante de cette dégénérescence – de cette mort – de la création. L'apôtre écrit dans un autre texte :

> « Le corps est semé corruptible ; il ressuscite incorruptible ; il est semé méprisable, il ressuscite glorieux ; il est semé infirme, il ressuscite plein de force ; il est semé corps animal, il ressuscite corps spirituel. » (1 Cor. 15.42-44)

Pourquoi cet état de choses ? La Bible en attribue la faute au péché de l'homme : « le sol sera maudit à cause de toi » (Gen. 3.17), bien que l'auteur effectif en soit Dieu : « cette terre que l'Éternel a maudite » (Gen. 5.29). L'homme fut la cause morale de cet état de choses mais il n'était pas capable de « maudire le sol » en sorte que cela puisse avoir des conséquences.

C'est aussi Dieu qui délivrera la création qu'il a ainsi assujettie (voir aussi 1 Cor. 15.20-28) :

> « C'est au second Adam qu'il appartient de clore cette ère nouvelle comme le premier avait clos l'ancienne, en opérant dans le domaine moral, puis enfin dans le domaine physique, la défaite définitive de la puissance ennemie du bien ».[5]

Dieu a permis au véritable auteur du mal – Satan – à devenir « le prince de ce monde » (Jean 12.31 ; 14.30 ; 16.11 ; Éph. 2.2 ; 6.12 etc.). Le meilleur exemple de cet état de choses et que l'on peut toujours constater dans la création, c'est la mort. La mort demeure un

---

[5] Frédéric Godet, *Commentaire sur l'épître aux Romains*. p. 190.

«ennemi». Elle est une œuvre de Satan, «celui qui a la puissance de la mort» (Héb. 2.14). Cependant, les enfants de Dieu ne craignent pas la mort (Héb. 2.15), puisqu'ils ont en eux-mêmes la vie éternelle (1 Jean 5.11, 12).

Dans le processus de «rédemption» et de «régénération» de toute la création, l'homme-Dieu, Jésus-Christ (Jean 1.1sv), joue un rôle primordial. La mort de Jésus sur la croix fut souverainement approuvée par Dieu, car il fut «prédestiné avant la fondation du monde, et manifesté à la fin des temps» (1 Pi. 1.20sv; il ne faut pas hâtivement conclure du mot «prédestiner» que Jésus n'eut aucun choix dans cette décision divine : voir Jean 10.18). La crucifixion, meurtre sanglant d'un innocent, fut permise, et même décrétée par Dieu : «Cet homme, livré selon le dessein arrêté et selon la prescience de Dieu, vous l'avez crucifié, vous l'avez fait mourir par la main des impies» (Actes 2.23).

LE PLAN DE DIEU ET LA LIBERTÉ DES HOMMES

Dieu le voulut et pourtant Jésus était libre de choisir de ne pas mourir ainsi. S'il est dit que Dieu le voulut et le permit, il n'est pas dit, cependant, que Dieu le fit lui-même. En effet, ce sont «les impies» qui crucifièrent Jésus. Voyez aussi :

> «En effet, contre ton saint serviteur, Jésus, que tu as oint, Hérode et Ponce Pilate se sont ligués dans cette ville avec les nations et avec les peuples d'Israël, pour faire tout ce que ta main et ton conseil avaient arrêté d'avance.» (Actes 4.27, 28)

Dieu est donc le maître incontestable de l'histoire. Tout ce qui arrive, arrive par sa volonté. Par sa volonté, Dieu choisit de créer des êtres libres; par sa volonté ils agissent librement dans le cours de l'histoire. Ces êtres sont libres de l'aimer ou de le haïr, libres de s'aimer ou de se haïr les uns les autres, libres de se soumettre ou de se rebeller contre leur créateur, libres de se soumettre les uns aux autres, ou de se rebeller les uns contre les autres (voir Rom. 13.1; Éph. 5.24; Tit. 3.1; 1 Pi. 2.18). Dieu est donc l'Être absolu : «Un Être absolu est un être libre, sans limitation, indépendant et parfait. Dieu est absolu parce que son existence, sa nature, ses attributs, ses actes ne sont sous la dépendance d'aucun autre être ».[6]

Ainsi, nous trouvons toujours ces deux éléments importants dans la compréhension de l'histoire éclairée par la Bible :

1. Dieu est absolu en toutes choses.
2. La créature peut librement choisir de s'opposer à son Créateur.

OBJECTIONS AU THÉISME BIBLIQUE

Spinoza catalogue d'ignorants ceux qui voudraient recourir à la volonté divine pour expliquer les problèmes du monde et de la vie. Il est vrai que le christianisme fait appel à la volonté divine pour comprendre l'histoire, le monde et la vie. (Notons que même la liberté que l'homme possède lui fut accordée par la volonté divine.) Cependant, nous nous opposons à l'objection que cela n'est pas permissible. En raison de quel principe ? Ce n'est pas uniquement le point de départ d'une façon de penser qui en détermine la validité, mais aussi ce qu'elle produit en fin de compte. Une hypothèse ne se vérifie-t-elle pas lorsqu'elle donne un sens cohérent aux faits ? Le panthéisme, qui est le point de départ de Spinoza, ne peut donner de sens à la lutte morale en ce monde, et ne peut même pas donner de raison pour l'existence de cette lutte morale.

Une autre objection consiste à dire que le théisme chrétien n'est pas empirique (empirique : « qui s'appuie avant tout sur les données de l'expérience personnelle »). Dans cette objection, tout empirisme est (sans raison valable) systématiquement exclu de la notion de foi. Selon cette objection, la foi du chrétien ne serait seulement qu'une expérience subjective, sans rapport avec la réalité.

Mais pourquoi penser que la foi n'est pas une part intégrante de l'expérience personnelle ? Ni l'amour ni la haine ne peuvent se toucher et se voir, mais les hommes de ce monde en font l'expérience chaque jour. Ce sont des réalités quotidiennes qui donnent naissance

---

[6] Charles Hodge, *Systematic Theology*, p. 357, Vol. I.

à des expériences humaines et qui ont des conséquences très concrètes dans la société. Ainsi en est-il de la foi. Elle fait aussi partie de l'expérience quotidienne. La connaissance de soi, les faits de la nature, les faits bibliques sont des phénomènes « empiriques ».

Une troisième objection consiste à dire que le théisme chrétien élimine le besoin de faire une distinction entre le bien et le mal. Selon cette objection, ce que nous appelons « mal » Dieu pourrait l'appeler « bien » et vice versa. Mais le mal, le péché, c'est la transgression de la loi de Dieu (1 Jean 3.4). Seule la loi de Dieu peut nous dire ce qui est bien et mal (Rom. 7.7 ; 2.14, 15 ; 1.32). Dieu, lui, n'est point sous la loi, car il est parfait ; la loi ne fait que refléter cette perfection.

Imaginons que nous voulions imposer les dix commandements à Dieu :

« Tu n'auras point d'autres dieux devant ma face. » Dieu est le seul Dieu. Il le sait et le déclare lui-même (Ésa. 44.6-20). Il n'a pas besoin d'une loi pour lui apprendre cela.

« Tu ne feras point d'image taillée. » Dieu ne veut pas que l'homme aille se prosterner devant des idoles sans intelligence et impuissantes. Cependant, Dieu lui-même, qui sait fort bien qu'il est le seul Dieu, qui sait qu'il est le seul qui doive être adoré, et qui n'adore lui-même personne, n'a pas besoin d'une telle loi. De qui ferait-il une image taillée ? De lui-même ? Dieu s'interdirait-il lui-même de faire de lui-même une image taillée… car il risquerait d'être jaloux de lui-même ? Il est absurde de vouloir appliquer cette loi à Dieu.

« Tu ne prendras point le nom de l'Éternel en vain. » Dieu, à qui son nom appartient, n'aurait-il pas le droit d'utiliser ce nom comme bon lui semble ? N'utilisera-t-Il pas toujours ce nom à des bonnes fins puisqu'il est parfaitement saint ?

« Souviens-toi du jour du repos pour le sanctifier. » Dieu est au-dessus du temps. Il est lui-même l'auteur du Sabbat. D'ailleurs, devons-nous penser que Dieu avait vraiment besoin de « repos » (dans le sens où nous l'entendons) après la création. Il semblerait plutôt que ce terme est utilisé d'une manière anthropomorphique. Il est aussi très clair, par d'autres renseignements bibliques, que cela ne serait pas possible. Dieu n'a jamais cessé d'agir (Jean 5.17). Il continue de soutenir sa création par sa parole puissante (Héb. 1.3 ; Col. 1.16, 17 ; Jean 1.3 ; Job 38.4-7 ; Jér. 10.13 ; 5.24 ; 14.22). La Bible dit que Dieu se « reposa de ses œuvres » (la création). Cette expression montre que la création était achevée au 7e jour. C'est cela le sens de ce « repos », tel qu'il nous est montré dans le Nouveau Testament (Héb. 4.4, 10).

C'est seulement plus tard, bien après que le commandement fut donné à Israël (Néh. 9.13, 14) que le peuple de Dieu devait comprendre l'enseignement et l'espérance contenus dans ce commandement (Héb. 4.1-11). Ce commandement ne s'applique donc pas à Dieu, mais seulement aux êtres humains auxquels il fut donné (en l'occurrence le peuple d'Israël). Dieu, Lui, est entré dans « son repos », et c'est à nous maintenant de nous efforcer d'y entrer (Héb. 4.5, 11).

« Tu ne commettras point de meurtre. » Toute vie appartient à Dieu et n'existe que par lui. Dieu est libre d'agir comme il l'entend avec ce qui n'appartient qu'à lui seul. Il a donc parfaitement le droit de faire cesser la vie d'un individu quand Il le veut (1 Jean 5.16 ; Jac. 4.14). D'ailleurs c'est ce qui arrive chaque fois qu'un être humain meurt. Mais les êtres humains n'ont pas ce droit.

« Tu ne commettras point d'adultère. » Dieu n'est pas un être physique et sexuel, et il n'est pas dominé par des passions.

« Tu ne déroberas point. » À qui Dieu déroberait-il quelque chose ? À lui-même ? Tout lui appartient.

« Tu ne porteras pas de faux témoignage contre ton prochain. » Dieu n'a pas de « prochain », car un « prochain », c'est un égal. Étant parfait Dieu ne peut mentir : Nombres 23.19.

« Tu ne convoiteras point la maison de ton prochain. » Il n'y a rien que Dieu puisse convoiter car tout est à Lui.

Tout cela nous montre que la loi ne peut pas s'appliquer à Dieu. La loi est faite pour celui qui est capable de transgresser la volonté de Dieu : l'être humain. Que voulait donc dire le philosophe athée John Stuart Mill lorsqu'il prétendait que Dieu doit posséder « les mêmes attributs moraux qu'un homme juste de notre société humaine »?[7] C'est là une exigence absurde lorsqu'on parle de Dieu. La loi n'existe et ne peut exister que pour l'homme. Le mal n'existe et ne peut exister activement que chez ceux qui transgressent la loi de Dieu.

Une autre objection consiste à dire ce qui suit : « Et les autres dieux… ne pourraient-ils pas prétendre, eux-mêmes, à une telle suprématie ? » La réponse de la Bible est que Dieu est le seul Dieu de toute manière ; la question ne se pose donc pas.

> « L'Éternel est Dieu en vérité,
> Il est un Dieu vivant et un roi éternel ;
> La terre tremble devant sa colère,
> Et les nations ne supportent pas sa fureur.
> Les dieux qui n'ont point fait les cieux et la terre
> Disparaîtront de la terre et de dessous les cieux.
> Il a créé la terre par sa puissance,
> Il a fondé le monde par sa sagesse,
> Il a étendu les cieux par son intelligence…
> Tout homme devient stupide par sa science,
> Tout orfèvre est honteux de son image taillée ;
> Car ses idoles ne sont que mensonge,
> Il n'y a point en elles de souffle,
> Elles sont une chose de néant,
> Une œuvre de tromperie. »
> (Jér. 10.10-15)

Il vient toujours un moment où les idoles humaines et ceux qui les servent doivent dire avec les magiciens de Pharaon : « C'est le doigt de Dieu » (Ex. 8.15). Le moment vient quand les grands de ce monde reconnaissent que l'action de Dieu est unique : « En vérité, votre Dieu est le Dieu des dieux et le Seigneur des rois » (Dan. 2.47). C'est ce que Dieu déclare : il n'y a pas d'autre dieu que lui (Ésa. 36.20 ; 42.8). Celui qui se conforme à la volonté d'un dieu moindre que l'Éternel ne sert pas l'Éternel, mais sert une idole.

---

[7] John Stuart Mill, *An Examination of Sir William Hamilton's Philosophy*, Vol. I, pages 130-131.

La vérité biblique concernant l'incarnation (Dieu s'est fait chair, Jean 1.14) n'est pas une idolâtrie. Cette vérité est essentiellement incarnée et démontrée dans la personne du Christ : « Je suis le chemin, la vérité et la vie » (Jean 14.6). L'image du Dieu Tout-Puissant se reflète parfaitement dans la personne du Christ : « Celui qui m'a vu a vu le Père » (Jean 14.9 ; Héb. 1.3). La personne du Christ est la démonstration vivante que nous ne nous trompons pas lorsque nous affirmons que le Dieu de la Bible est le seul Dieu, et que Sa volonté est la seule qui puisse guider l'homme.

Une objection consiste à dire que « le théisme chrétien fait de Dieu l'auteur du mal ». C'est là une objection contre l'action suprême de Dieu dans le cours des événements du monde. Notre réponse est qu'effectivement Dieu est la cause première de tout ce qui existe. Cependant, le mal n'est pas venu de Dieu ; le mal est venu de la rébellion librement consentie des créatures de Dieu (l'ange et l'homme). Les qualités positives dont étaient douées ces créatures, telles que la liberté d'agir, l'intelligence, l'autorité accordées par le Créateur… se sont avérées des éléments négatifs lorsqu'ils sont devenus, pour ces créatures, les moyens, non plus de glorifier Dieu et son œuvre, mais de se glorifier eux-mêmes et leurs œuvres.

On peut seulement « blâmer » Dieu d'avoir fait de ces créatures des êtres libres, des êtres qui peuvent user à leur guise de ces qualités positives dont Dieu les a dotés. Mais qui blâmera Dieu d'avoir été créé libre d'agir, de ne pas être un robot ? Que serions-nous sans cette liberté d'agir et de choisir ?

Une autre objection consiste à dire que « si Dieu n'est pas l'auteur du mal, il est en tout cas responsable du mal ». Souvent le mot « responsable » est utilisé comme un synonyme « d'auteur ». Si cela est le cas, nous devons retourner à l'objection précédente et à la réponse que nous avons donnée. Le seul autre sens que nous puissions donner au mot responsable, c'est : (i) qui doit répondre de ses actes, ou (ii) qui doit en vertu de la morale admise rendre compte de ses actes. Nous avons déjà vu la réponse à cette 2e définition du mot « responsable » : Dieu n'est pas soumis à la loi qu'il impose à l'homme. Voyons le deuxième sens du mot « responsable ». Pour pouvoir répondre de ses actes, Dieu devrait avoir quelqu'un qui lui est supérieur, à qui il doive rendre compte ! Dieu n'a pas à répondre à l'homme de ses actes, puisque l'homme n'est nullement son supérieur. De par sa nature même Dieu n'a personne à qui répondre de ses actes :

> « Que dirons-nous donc ? Y a-t-il en Dieu de l'injustice ? Loin de là ! Car Il dit à Moïse : Je ferai miséricorde à qui Je fais miséricorde, et J'aurai compassion de qui J'aurai compassion. Ainsi donc, cela ne dépend ni de celui qui veut, ni de celui qui court, mais de Dieu qui fait miséricorde. Car, l'Écriture dit à Pharaon : Je t'ai suscité à dessein pour montrer en toi ma puissance, et afin que mon nom soit publié par toute la terre. Ainsi, il fait miséricorde à qui Il veut, et il endurcit qui Il veut. Tu me diras : Pourquoi blâme-t-il encore ? Car qui est-ce qui résiste à sa volonté ? Ô homme, toi plutôt, qui es-tu pour contester avec Dieu ? Le vase d'argile dira-t-il à celui qui l'a formé : Pourquoi m'as-tu fait ainsi ? » (Romains 9.14-20)

LE THÉISME BIBLIQUE ET LES FLÉAUX NATURELS

Les fléaux naturels sont souvent interprétés comme l'action directe d'un Dieu qui châtie ou qui bénit. Nul croyant ne doute que Dieu est *capable* d'employer les fléaux naturels pour juger et châtier (par exemple : les plaies d'Égypte en Ex. 7–10). Cependant, c'est seulement à l'aide d'une révélation de Dieu que nous pouvons déterminer et affirmer que tel événement ou telle intervention vient de Dieu, ou qu'elle vient de Dieu tant tel ou tel but. Sans cela, tout ce que nous disons n'est que pure présomption. Ce n'est pas le caractère apocalyptique des phénomènes naturels qui faisait croire aux croyants qu'il s'agissait d'interventions directes de Dieu… mais c'est parce que Dieu le leur avait révélé. Et lorsqu'il le révélait, ils interprétaient certains fléaux naturels comme des jugements de Dieu. Sans révélation de Dieu, nous demeurons dans le domaine des spéculations humaines.

La question suivante se pose donc : « Pourquoi y a-t-il des catastrophes naturelles ? Pourquoi Dieu les permet-il ? » Nous ne parlerons pas très longuement des maladies humaines, car le théisme chrétien range la maladie au rang de cette vulnérabilité de l'homme et qui fait de lui un être mortel ; vulnérabilité qui fit son apparition au moment de sa chute morale et spirituelle et qui touche tout être humain sans exception. La maladie est une autre évidence que l'homme ne jouit pas d'une relation parfaite avec Dieu, comme à l'origine, et qu'il a été écarté de « l'arbre de vie ». Lorsque l'homme fut exposé à la mort, son corps devint vulnérable, il devint sujet à la maladie, à la corruption, à la mort.

Jésus-Christ est lui-même « un arbre de vie » qui accorde, en fin de compte, l'invulnérabilité, l'incorruptibilité et l'immortalité à ceux qui se « nourrissent » de lui : « En vérité, en vérité, je vous le dis, si vous ne mangez la chair du Fils de l'homme, et si vous ne buvez son sang, vous n'avez point la vie en vous-mêmes » (Jean 6.53). Jésus est celui qui peut se permettre de dire : « Celui qui croit en moi vivra, quand même il serait mort ; et quiconque vit et croit en moi ne mourra jamais » (Jean 11.25,26).

La foi chrétienne implique la conviction qu'une victoire décisive sur la corruption (la mort) est possible : « Car il faut que ce corps corruptible revête l'incorruptibilité, et que ce corps mortel revête l'immortalité » (1 Cor. 15.53).

La question est souvent débattue de savoir s'il est juste que tous les descendants d'Adam soient assujettis à la corruption à cause du péché de leur ancêtre. Le théisme chrétien offre plusieurs réponses à cette question.

▶ **La mort spirituelle vient sur ceux qui pèchent.**

L'être humain n'est pas condamné, ne meurt pas spirituellement à cause des péchés de ses ancêtres, mais à cause de ses propres péchés (Rom. 5.12) : « La mort s'est étendue sur tous les hommes, parce que tous ont péché... » Un bébé ne peut pas pécher (transgresser la loi de Dieu) et n'est donc pas coupable aux yeux de Dieu (voir Éph. 2.1-5 ; Col. 2.13 ; Rom. 7.9 ; Gal. 3.10, 11 ; 1 Jean 3.4 ; Ézé. 18.19, 20 ; Jac. 4.17) même s'il naît dans un monde sous l'influence du péché.

▶ **Il faut faire une distinction entre les conséquences du péché et la culpabilité du pécheur.**

Cette distinction est assez évidente, même dans le cours de l'histoire. Si un homme commet une action injuste et mauvaise, il y aura des conséquences qui se répercuteront sur d'autres membres de la famille humaine. Ainsi, par exemple, par la folie de quelques-uns, des milliers d'hommes qui étaient innocents ont péri dans les guerres.

Les conséquences (ou le résultat) du péché ne doivent pas étonner, car cela revient à ce que nous avons déjà dit sur la liberté de l'homme. Un être libre est un être responsable vis-à-vis de lui-même et des autres. Nos actions quotidiennes ont un effet néfaste ou positif sur d'autres membres de la famille humaine. Chaque individu est rendu responsable du malheur et du bonheur d'autrui. L'être humain doit nécessairement reconnaître sa part de responsabilité. Quelle est-elle ? Elle se résume en ces mots : « Tu aimeras ton prochain comme toi-même », et : « Tout ce que vous voulez que les autres fassent pour vous, faites-le de même pour eux. »

Adam et Ève ont handicapé d'une manière décisive le bonheur de ceux qui devaient être leurs descendants. Ils furent chassés du lieu où ils étaient immunisés contre toute corruption, même physique (cf. Gen. 3.23, 24). Ils se retrouvèrent dans un monde où Dieu ne les assurait plus d'une protection constante, ni contre la souffrance ni contre la mort physique et spirituelle (Gen. 3.17-19, 24). Tous ceux qui descendraient d'Adam et Ève devraient aussi vivre dans un tel monde et en subir les conséquences. Jésus, le Fils de Dieu, le plus pur des êtres, naquit dans un tel monde – sans toutefois pécher – car il faisait aussi partie de la famille humaine (cf. Phil. 2.6-8 ; Héb. 2.14) ; il dut subir les *conséquences* du péché en étant maltraité, puis crucifié.

Il est donc vrai que l'humanité est une grande famille. Si les hommes mettent en pratique la « loi royale » (Jac. 2.8), beaucoup de souffrances seront atténuées. On voit bien les marques des grandes blessures qui ont été infligées à certains à cause de l'inhumanité de l'homme pour l'homme. Nous subissons les effets de la désobéissance d'Adam, et nous subissons les effets de notre propre désobéissance et de celle des autres. Le péché n'est pas simplement quelque chose que l'on commet; c'est aussi quelque chose que l'on subit.

Dans tout ceci Dieu n'est nullement injuste. Nous devrions nous réjouir d'être des créatures libres, douées de la possibilité de choisir, d'être des créatures capables d'avoir une influence, d'être des créatures capables d'aimer… ou de haïr. La liberté et la possibilité de choisir impliquent la capacité de mal choisir (sans quoi il n'y a pas de réelle liberté), impliquent la capacité d'avoir une mauvaise influence (mauvaise influence qui aura des effets néfastes), impliquent la capacité de haïr (haine qui ruinera d'autres êtres).

On peut avoir une réaction de révolte si l'on songe que c'est une seule transgression qui a produit tout cela. Nous pouvons penser que nous aurions réagi autrement si nous avions été Dieu. Mais nous ne sommes pas Dieu. Nous ne sommes pas un Être parfaitement saint qui doit être obéi en toutes choses et qui doit être impartial dans sa justice. Nous ne sommes pas capables, comme Dieu, de procurer une espérance à l'homme :

> « J'estime que les souffrances tu temps présent ne sauraient être comparées à la gloire qui sera révélée pour nous. Aussi la création attend-elle avec un ardent désir la révélation des fils de Dieu. Car la création a été soumise à la vanité, – non de son plein gré, mais à cause de celui qui l'a soumise, – avec l'espérance qu'elle aussi sera affranchie dans la servitude de la corruption, pour avoir part à la liberté de la gloire des enfants de Dieu. » (Rom. 8.18-21)

Les cataclysmes naturels montrent-ils un Dieu injuste et qui ne peut pas être le créateur de l'univers (et par conséquent on en conclue que Dieu n'existe pas) ? John Stuart Mill conclut des catastrophes naturelles que le Créateur de ce monde doit manquer d'intelligence ou de bonté.[8]

En voyant l'état du monde, certains postulent un manque d'intelligence de la part du Créateur. Lucrèce affirma que si la création du monde avait été sa responsabilité, le monde serait le « meilleur des

---

[8] J.S. Mill, *Three Essays on Religion*, pp. 20-31.

mondes » (d'où Huxley tira le titre de son livre). Le Dr Martineau répond ainsi aux propositions de Lucrèce :

> « Il semble que le poète romain aurait préféré pour l'homme des conditions toutes différentes sur cette terre. Elle devrait être entièrement cultivable et cultivée, entièrement habitée afin qu'il n'y ait aucune perte de place, de température uniforme, n'ayant pas plus d'eau que ce qu'il faut pour boire et cultiver, sans vallée ni montagne, sans les étendues des océans, sans les vents qui apportent la neige, sans chaleur solaire qui, puissante en Afrique, fait fondre les neiges des Alpes. Notre planète devrait être une petite planète sans envergure, sans étendues isolées, sans animaux sauvages, et si confortable qu'elle serait vite une fourmilière où nul ne pourrait plus être seul quelque part. »[9]

Voilà donc la description humaine d'un monde « idéal » ! Nous en échappons avec bonheur pour retrouver les forêts sauvages, les océans sans fin, les merveilles des neiges éternelles et les icebergs polaires.

Darwin parle avec sarcasme du dard de l'abeille qui produit la mort de l'abeille (C. Darwin, *Origin of Species, 6th. Ed.* p. 163). Mais pourquoi en est-il ainsi pour le dard de l'abeille ? Dans ce cas, le dard de l'abeille est utilisé d'une façon tout à fait exceptionnelle : dans un moment où l'abeille devient folle de rage et veut attaquer son adversaire. En réalité le dard est un instrument de travail pour l'abeille ; ce dard l'aide à creuser dans le bois ou dans d'autres éléments durs. Utilisé ainsi le dard n'est pas un instrument de mort pour l'abeille. Le couteau qui coupe le pain peut aussi couper la gorge.

Prenons le cas de volcans et des tremblements de terre. Dans son livre *Volcanos*, le prof. Judd de l'École des Mines montre la nécessité des volcans dans l'équilibre de la planète. Ce qui aux yeux des faibles habitants de cette terre n'est qu'un élément négatif est tout à fait nécessaire à l'échelle de la planète sur laquelle ils vivent. Ces « catastrophes naturelles » sont produites par des lois internes et externes de notre planète, lois qui donnent son équilibre à la planète.

---

[9] Dr Martineau, *Study of Religion, Vol. I*, p. 354.

Notre planète offre des conditions optimales pour que la vie biologique s'y déroule d'une façon harmonieuse. Certaines lois permettent une telle harmonie, et c'est à nous de respecter et de tenir compte de ces lois. Cette harmonie qui permet la vie biologique, seule notre planète la possède. (Voyez les remarques d'Immanuel Vélikovsky dans son livre *Mondes en Collision*, pp. 5 et 6.)

Il faut aussi noter, comme le fait le professeur Trueblood, que les « catastrophes » naturelles surviennent souvent de telle façon qu'on peut les prévoir (voir *Philosophy of Religion*, p. 253). L'homme qui construit sa maison aux pieds d'un volcan ne doit pas s'étonner s'il est un jour surpris par une éruption. L'homme qui va habiter au bord de l'océan ne doit pas s'étonner lorsque les vagues viennent envahir sa maison, ou lorsque survient un ouragan. Si Dieu n'intervient pas chaque fois que l'homme *joue avec le feu*, c'est parce qu'il a créé l'homme libre et capable de déterminer si ses choix sont bons ou mauvais. L'homme peut vivre en harmonie avec la nature s'il profite des enseignements qu'elle lui inflige. L'être humain peut même, par son intelligence, contrôler certains phénomènes naturels et les utiliser à son avantage. Enfin, l'être humain conserve une part de responsabilité dans la protection des écosystèmes qui caractérisent la planète. Cette responsabilité lui fut prescrite dès l'origine de la création du monde (Genèse 1.28 ; 2.15).

ALBERT CAMUS : « LES JUSTES » ET CINQ CONCEPTIONS ERRONÉES DE DIEU[10]

Représenté pour la première fois en 1949, « les Justes » est une pièce de théâtre en cinq actes d'Albert Camus. Cette pièce est basée sur un événement historique : l'assassinat en 1905 à Moscou du grand-duc Serge, l'oncle du tsar de la Russie, par un groupe terroriste du parti socialiste révolutionnaire. Cette pièce permet d'avoir une idée sur le regard que porte Camus sur le phénomène du terrorisme. Elle permet aussi de comprendre les arguments de gens qui se disent « croyants » pour justifier un assassinat politique... Dans la pièce les jeunes terroristes sont révoltés par les privilèges sociaux de certains, mais ils sont aussi révoltés à l'égard

---

[10] Yann Opsitch « Albert Camus : les justes » Horizons Chrétiens N° 54, 1988

de la croyance en un Dieu juste. En fait, dans la pièce ce sont les jeunes révolutionnaires qui sont «justes» et non le «Dieu» des croyants. La pièce évoque six conceptions erronées concernant Dieu.

- ▶ **1re erreur concernant Dieu. Dieu donne seulement aux croyants des vertus morales ou la capacité d'aimer.**

On trouve cette idée chez la grande duchesse ; elle pense que seuls les croyants ou les gens religieux sont capables d'amour ou s'efforcent de vivre selon le commandement fondamental de l'Écriture qui est l'amour du prochain.

KALIAYEV : « Je me détournerai de vous et de ce monde hideux et je me laisserai aller à l'amour qui m'emplit. Me comprenez-vous ? »

LA GRANDE DUCHESSE : « Il n'y a pas d'amour loin de Dieu »

KALIAYEV : « Si. L'amour pour la créature. »

Commentaire

La grande duchesse est croyante et pratiquante. Elle ne comprend pas que tout être qui aime a reçu ce don d'amour de Dieu, source de tout amour. Elle a une conception élitiste de Dieu qui n'accorderait ses bienfaits qu'à ceux qui croient en lui ou acceptent ses commandements. Or, le Père « qui fait pleuvoir sur les justes et les injustes » (Matthieu 5.45) leur accorde de même le bienfait d'aimer et d'être aimés. C'est lui « notre Père à tous » qui nous a créés et qui nous accorde des vertus et la force de les exercer (voir Jacques 1.18). Jean le dit simplement : « L'amour est de Dieu » (1 Jean 4.7). Nous ne servons pas Dieu, nous n'aimons pas Dieu afin qu'il nous aime en retour ! Nous l'aimons parce que nous nous sommes rendus compte qu'il nous aime même quand nous le haïssons (1 Jean 4.10 ; Romains 5.6-8).

- ▶ **2e erreur concernant Dieu. Dieu ne s'intéresse qu'à notre destinée dans l'au-delà.**

La grande duchesse et le révolutionnaire Kaliayev (lui aussi croyant) se trompent tous deux en croyant que Dieu veut unir les êtres humains uniquement dans l'au-delà et non sur la terre.

Kaliayev : « L'injustice sépare, la honte, la douleur, le mal qu'on fait aux autres, le crime séparent. Vivre est une torture puisque vivre sépare. »

La grande duchesse : « Dieu réunit. »

Kaliayev : « Pas sur cette terre. Et mes rendez-vous sont sur cette terre. »

La grande duchesse : « C'est le rendez-vous des chiens, le nez au sol, toujours pleurant, toujours déçus. »

Commentaire

L'homme qui souffre des « séparations » d'ici-bas n'est pas un chien. La souffrance qu'il éprouve est la « sonnerie d'alarme » que quelque chose ne va pas, que les hommes gâchent leur existence et celle des autres, que la vie mérite d'être vécue autrement… Le Dieu de la Bible et annoncé par Jésus-Christ se préoccupe, au contraire, de réconcilier **en priorité** les hommes ici-bas car, sinon, comment pourraient-ils vivre réconciliés dans l'au-delà ? Le mot « maintenant » est un des plus importants du vocabulaire biblique : « Mais maintenant en Christ Jésus vous qui autrefois étiez loin, vous êtes devenus proches par le sang de Christ. Car c'est lui notre paix, lui qui des deux n'en a fait qu'un en détruisant le mur de séparation, l'inimitié » (Éphésiens 2.13, 14).

▶ **3ᵉ erreur concernant Dieu. La justice de Dieu fluctue ; elle tient compte de la position ou de l'influence des individus.**

Cette erreur fondamentale concernant Dieu apparaît dans les dialogues de cette pièce. Elle consiste à croire que Dieu tolère l'injustice (ou tout autre péché) lorsqu'elle émane de gens au pouvoir. Ainsi, la grande duchesse veut-elle demander la grâce de Kaliayev aux hommes et à Dieu – donc à des hommes injustes et à un Dieu qui acceptera leur injustice et fera donc grâce au révolutionnaire. Si nous nous imaginons que Dieu se laisse fléchir par les riches ou les puissants de ce monde, nous n'avons pas lu la Bible. Le Dieu de l'Écriture n'a qu'une loi de justice, applicable aux hommes sans exceptions. Le Dieu de la Bible ne fait pas « acception de personnes » (Jacques 2.9 ; Actes 10.34, 35). La religion a trop souvent donné l'impression que les puissants et les grands disposent, face à Dieu, d'une sorte d'alibi ou d'immunité morale.

▶ **4ᵉ erreur : Dieu prend parti dans les idéologies ou les combats politiques.**

Les jeunes terroristes de la pièce semblent croire que Dieu prend parti dans les luttes idéologiques ou politiques des hommes. Kaliayev, le héros de la pièce, espère même que Dieu lui viendra en aide pour assassiner un individu qu'il estime injuste : « Mais Dieu aidant, la haine me viendra au bon moment… » (Acte I).

Peut-on raisonnablement prier Dieu pour qu'il mette de la haine dans notre cœur ? Pourquoi certains tiennent-ils à tout prix à mêler Dieu à leurs combats politiques, à leurs luttes d'hommes ou à leurs, vengeances personnelles ? À deux frères qui exigeaient un partage équitable de leurs biens Jésus réplique : « Qui m'a établi sur vous pour être juge ou pour faire des partages ? » (Luc 12.14).

Dieu n'est ni capitaliste, ni communiste ou socialiste. S'ils veulent bien s'en donner la peine, les êtres humains sont capables de gouverner, d'exercer la justice, de punir s'il le faut, de partager des biens d'une manière équitable (voir Romains 13.1 suiv.). Dieu n'a pas besoin d'y être mêlé. Que les autorités fassent leur « boulot ». Que chacun agisse avec respect et justice et qu'on cesse de se décharger sur Dieu des responsabilités qui sont les nôtres.

Ce qui ne signifie pas que Dieu n'est pas concerné par les injustices, les abus, la misère de tant de vies humaines découlant de ces abus. Mais la question fondamentale est celle-ci : Dieu a-t-il choisi de prendre part ou de prendre parti pour les politiques humaines dans le combat contre les injustices, les abus et la misère ? Quels sont les moyens que Dieu met à notre disposition pour contrer ou réparer les injustices, les abus ou la misère ? Est-ce l'autorité politique humaine ? Est-ce la violence ou la force ? Est-ce la lutte des classes ? Est-ce la fatalité ? Est-ce simplement « faire la charité » ? Est-ce la promesse d'une vie meilleure après la mort ? Le Nouveau Testament répond que ce n'est rien de tout cela. C'est l'appel à être disciples de Jésus qui est le moyen employé par Dieu pour changer l'être humain et la société.

▶ **5ᵉ erreur. Dieu ne peut ou ne veut rien faire pour aider les hommes à être plus justes et plus équitables.**

On peut aussi décrire cette conception erronée à propos de Dieu ainsi : Dieu ne s'intéresse pas à ce qu'il y ait plus de justice sur la terre ; ou Dieu n'a rien prévu pour rendre la vie plus supportable aux êtres humains ; ou encore la justice est uniquement l'affaire des politiciens, des juges et des avocats. Kaliayev dit : « Dieu ne peut rien. La justice est notre affaire » (Acte IV). Il raconte la légende de Dimitri qui ne put jamais rencontrer Dieu avec qui il avait un rendez-vous. Il ne pouvait rencontrer Dieu parce que chaque fois il en était empêché par un malheureux à qui il fallait rendre service (Acte IV). Pourtant, c'est Dieu lui-même qui nous apprend par Jésus-Christ qu'aimer et servir celui que nous rencontrons dans le besoin ou la souffrance, c'est déjà rencontrer Dieu et le servir en personne (Luc 10.25-37 et Matthieu 25.35 suiv).

Kaliayev semble dire que s'il n'a pas été au rendez-vous de Dieu c'est parce qu'il a passé trop de temps à secourir des pauvres et des malheureux : « Il y a ceux qui arriveront toujours en retard au rendez-vous parce qu'il y a trop de charrettes embourbées et trop de frères à secourir. »

D'où provient cette conception d'un Dieu qui serait jaloux de la bonté des hommes envers leurs semblables ? Et tous cas, pas de la Bible. Le révolutionnaire n'a pas réfléchi ou a voulu ignorer que c'est précisément grâce à Dieu qu'il a ce désir de servir le prochain. C'est grâce à Dieu qu'il sait qu'il faut aimer. Il se fait donc une gloire de sa générosité, de son sens de la justice, de son amour du prochain et se sert même de ces qualités pour rejeter Dieu. À l'instar de beaucoup de gens de nos jours, Kaliayev ne voit pas que les notions d'amour, de générosité, de service au prochain, n'ont pas leur source en l'être humain, mais en Christ, en sa parole et en sa vie.

« LES JUSTES » ET LE TERRORISME

À la lecture de cette pièce, il apparaît que Camus entrevoyait le gouffre sans fond du terrorisme. Une fois le mécanisme de la justification du terrorisme enclenché, rien ne peut limiter ou arrêter ce phénomène.

Dans la pièce Stephan est le terroriste pour qui tout est permis. Pour lui le meurtre d'enfants est même autorisé pour combattre l'injustice et établir la justice. Cependant Kaliayev (le croyant) annonce que le terrorisme est une autre forme d'acceptation du despotisme (il représente à mon avis le point de vue d'Albert Camus). Kaliayev dit : « Mais derrière ce que tu dis, je vois s'annoncer un despotisme qui, s'il s'installe jamais, ferai de moi un assassin alors que j'essaie d'être un justicier. »

En Romains 13 Paul établit le principe fondamental selon lequel toute lutte contre l'injustice devient en raison de la violence une autre forme d'injustice : « Ne rendez à personne le mal pour le mal. » À plusieurs reprises les jeunes terroristes de la pièce affirment que le terrorisme leur est imposé comme une nécessité morale (Acte III : « Oh il faut que je le tue ! »). En somme, celui qui, face à l'injustice du monde, ne réagit pas avec violence et haine jusqu'au point de tuer… celui-là commet une action immorale et injuste. Cette justification « morale » d'un acte immoral est une des sources du terrorisme d'aujourd'hui.

La terroriste Dora est une « résignée » de la violence comme on en rencontre de nos jours. Hélas, pour elle il n'y a pas d'autre moyen pour opposer l'injustice ou aider à établir plus de justice. Elle prétend même qu'aimer le prochain, lorsqu'il s'agit d'injustice, constitue une trahison de la justice. Elle le dit à Kaliayev : « Ceux qui aiment vraiment la justice n'ont pas droit à l'amour. » De sorte que les jeunes terroristes de la pièce s'interdisent d'aimer ou d'être aimés, car s'ils aimaient ils ne pourraient plus haïr les injustes et ainsi accomplir leur devoir.

Pour les jeunes terroristes de la pièce, l'amour et la justice sont incompatibles. Ils attendent plus de justice sur la terre pour pouvoir aimer le prochain. Ils considèrent même l'amour du prochain comme une trahison de la justice tant qu'il y a de l'injustice en ce monde. C'est précisément ce que bon nombre de gens prétendent de nos jours.

Le disciple de Jésus sait ou devrait savoir que l'amour sans la justice n'est qu'hypocrisie (1 Jean 3.18 ; Jacques 2.1sv). Il sait aussi que la justice sans amour ne peut qu'entraîner les êtres humains dans le cycle infernal de la haine et de la violence.

Les jeunes révolutionnaires de la pièce estiment qu'ils sont au-dessus des exigences de l'amour puisqu'ils sont au service de la justice. Ils se considèrent comme des sacrifiés pour le compte de la justice. Dora s'exclame : « Nous ne sommes pas de ce monde, nous sommes des justes ! » (Acte III). Pour Stephan l'amour est même quelque chose d'ignoble. La haine étant pour lui la vertu cardinale du révolutionnaire ou de celui qui aspire à la justice, Stephan s'emporte contre ceux qui parlent d'amour. Il clame le droit de haïr parce qu'il a lui-même passé trois années au bagne. Pourtant, il se reprend et reconnaît ne pas avoir la force d'aimer (Acte III).

À l'instar de certains Stephan pense que ses souffrances lui donnent le droit de faire souffrir les autres. Cependant, il soulève une difficulté non négligeable lorsqu'il reconnaît qu'il est difficile d'aimer, difficile de trouver la force d'aimer. Lorsque nous voyons la haine se déchaîner autour de nous, lorsque nous avons subi ou subissons la haine, c'est la force du Seigneur qu'il nous faut pour pouvoir aimer. Cette force est un don de Dieu, un effet de la grâce de Dieu – la grâce de celui qui a « versé dans nos cœurs l'amour par son Esprit » (Romains 5,5).

Le terroriste Stephan a assassiné un homme, mais il refuse de porter la responsabilité de son acte. Il raisonne comme beaucoup de terroristes : il a tué mais ce sont les autres qui sont fautifs ; dans la pièce les nantis, les nobles de la Russie (Acte IV). Mais la Parole de Dieu nous interdit de faire porter à autrui – même aux injustes – la responsabilité de nos actes : « La justice du juste sera sur lui, et la méchanceté du méchant sera sur lui » (Ézéchiel 18.19sv). Tant que les êtres humains sous prétexte d'injustices continueront à prétendre qu'ils ne sont pas personnellement responsables de leurs actes, l'escalade de la violence ne pourra que s'accroître.

CONCLUSION

La révélation de Dieu est littéralement un «dévoilement» de quelque chose qui était caché à nos yeux (comme lorsqu'une statue a été faite par un sculpteur et qu'on la recouvre jusqu'au jour où elle est visible de tous). Nous ne percevons qu'une partie infime de la réalité et ne connaissons Dieu que d'une manière limitée. Toutefois cette connaissance nous permet de connaître son dessein envers les hommes qui est un dessein de salut et de vie et que nous devons transmettre à nos enfants. «Les choses cachées sont pour l'Éternel notre Dieu ; les choses révélées sont pour nous et nos enfants, à toujours, afin que nous mettions en pratique toutes les paroles de cette loi» (Deutéronome 29.29).

CHAPITRE 4

LA QUESTION DE L'ÉVOLUTION

*« Dieu tonne avec sa voix d'une manière merveilleuse.
Il fait de grandes choses que nous sommes incapables de
comprendre. »*
Job 37.5

L'ÉVOLUTION DES ESPÈCES

Les explications darwinienne et néo-darwinienne de l'origine de la vie sur terre supposent une apparition spontanée de la vie sur terre ainsi qu'une longue évolution des espèces animales et végétales. Les théories darwiniennes et néo-darwiniennes postulent que les espèces animales auraient pu évoluer au point de se transformer en nouvelles espèces ; en d'autres mots elles supposent qu'il n'existe aucune limite au changement des espèces – qu'un poisson aurait pu finalement se transformer en primate, le primate en homme.

Bien entendu, personne ne doute que les espèces animales se soient transformées au cours du temps. Mais ces deux notions darwiniennes – celle d'une apparition spontanée de la vie et celle de mutations d'espèces en d'autres espèces complètement différentes – sont de nos jours incompatibles avec les données de la biologie et de la génétique.

LE RÉCIT DE LA CRÉATION VU COMME UNE LÉGENDE

Le récit des origines dans le livre de la Genèse n'est-il qu'une reproduction (avec quelques variantes) des légendes babyloniennes de la création ? Si on lit attentivement les légendes babyloniennes de la création, on est frappé non pas de la similitude avec le texte biblique, mais des différences avec celui-ci.

La légende babylonienne raconte l'histoire d'un conflit entre les dieux du mal et les dieux du bien (*Tiamat* et *Kingu*). Tiamat se fait couper en deux, et une partie de son corps est utilisée pour faire le ciel alors qu'une autre partie de son corps devient la terre... La tablette la plus intéressante est sans doute la 6e, qui nous raconte comment l'homme fut créé.[1] Ce polythéisme des légendes babyloniennes est en opposition au texte biblique. Ne parlons pas des autres mythologies, car seules les mythologies babyloniennes sont mises en parallèle avec les Écritures.

Pourquoi le récit de Gen. 1-3 n'est-il pas écrit dans un langage scientifique ? Mais quel langage scientifique ? Quelle terminologie scientifique ? Celle du 21e siècle ou celle du 19e siècle ? Que comprendraient celles et ceux qui n'ont pas une formation scientifique ? Qu'auraient compris d'un tel récit les hommes du 1er siècle ou ceux qui vécurent mille ans avant Jésus-Christ ?

La théorie darwinienne de l'évolution des espèces peut-elle être mise en parallèle au récit de la création que nous trouvons en Genèse ? Face à cette question, nous devons tout d'abord définir ce que nous entendons par « évolution ». Au-delà du mot « évolution » qui peut simplement signifier « changement » (et nul ne doute que les espèces animales puissent changer au cours du temps), cette théorie suppose que l'effet de certaines forces et de processus naturels produisit un seul puis plusieurs organismes vivants – qu'il n'y a donc pas eu de créateur. La théorie darwinienne suppose que les organismes primitifs ont ensuite évolué en produisant toutes sortes de plantes et d'animaux. Lorsque la surface de la terre est supposée s'être solidifiée (il y a quelques 3 ou 4 milliards d'années), des molécules simples se formèrent d'elles-mêmes – telles que l'hydrogène, le méthane, la vapeur d'eau. Puis, des molécules complexes durent leur origine à ces molécules plus simples. Ces molécules plus complexes étaient douées de la propriété de se multiplier et d'opérer des mutations. Puis, à partir de ces molécules apparurent des formes de vie pluricellulaires.

---

[1] *Ancient Near Eastern Text Relating to the Old Testament*, ed. J.B. Pritchard – section « Akkadian myths and epics », transl. E.A. Sleiser, University of Pennsylvania, pp. 68-69 – Princeton University Press.

Il faut noter que selon Darwin l'évolution implique la transformation progressive d'une espèce vivante en une autre espèce. Dans son livre *Origin of Species*, Darwin se trouve perplexe face à ses propres théories (« Problems with my Thesis » au chapitre 6 de son « Origine des espèces » et la correspondance de Charles Darwin). Il ne trouve pas de réponses à des questions troublantes qui mettent en cause l'évolution des espèces. L'une de ces questions est l'improbabilité de concevoir l'évolution d'un organe aussi complexe que l'œil humain. Ces questions n'ont toujours pas reçu de réponses.[2]

LE RÉCIT DE LA CRÉATION EN GENÈSE EST-IL UNE LÉGENDE OU UN MYTHE ?

La Genèse décrit la création comme une action directe de Dieu qui produisit en six jours les éléments qui composent l'univers et le monde. Certains suggèrent que le récit de la création est un récit symbolique que l'on peut adapter à la théorie de l'évolution.

Qu'est-ce qui nous motiverait donc à interpréter ce texte d'une manière figurée ? Est-ce une raison textuelle ? Quelle réponse nous est généralement proposée face à une telle question ? La réponse est celle-ci : « Puisque la théorie de l'évolution est un fait scientifique, le récit de la création en Genèse doit être une erreur ou un récit poétique ou figuré. » La question qui se pose alors est de savoir si l'évolution des espèces selon Darwin est un fait scientifique réellement irréfutable. Un auteur a dit à ce sujet :

> « Le lecteur qui réfléchit, qu'il soit capable ou non de lire les textes originaux, est capable de reconnaître un mythe et une parabole ; est capable de distinguer entre la prose et la poésie, entre un langage figuré et un langage qu'il faut prendre au sens propre. Dans le récit biblique de la création, on ne trouve aucun élément textuel qui caractériserait un récit parabolique. »[3]

---

[2] Darwin's doubts : http://www.windowview.org/sci/pgs/09doubts.html
[3] Dr Surbug, *Darwin, Evolution et Creation* p. 45 Ed. Paul Zimmerman. Concordia Pub. House 1959.

Voyons de plus près s'il est possible de lire le texte biblique de la création comme une légende ou comme un mythe.

▶ Les six jours de la création

Il n'y a pas de raison contextuelle ou textuelle qui nous autoriserait à interpréter ces «jours» comme figurés. Chaque fois que le mot jour (*yom*) est utilisé dans la Bible, le contexte nous montre clairement si le mot doit être compris dans le sens propre ou le sens figuré. Le mot hébreu *olam* décrit une longue période de temps. Ce mot aurait été mieux employé pour décrire de longues périodes de temps plutôt que le mot hébreu *yom* (jour).

Le livre de la Genèse est un des livres historiques de la Bible. Ce n'est pas un livre de poésie et de symboles. Le genre historique de la Genèse nous incite logiquement à interpréter *yom* dans son sens propre. À travers la Bible (et c'est généralement une règle en hébreu), lorsque le mot *yom* est précédé d'un chiffre nous, devons comprendre *yom* dans son sens propre.

La répétition des mots «matin» et «soir» confirme une telle interprétation. Ces deux expressions ne sont pas fortuites. Elles soulignent que *yom* doit être compris dans son sens propre. Ces deux mots (*ereb* et *boger*) sont utilisés plus de cent fois dans l'Ancien Testament… et ils sont toujours utilisés dans leur sens propre.

Si *yom* et figuré dans ce texte, que symbolisent *ereb* et *boger*? Que symbolisent ces deux mots qui ne sont jamais utilisés symboliquement à travers toutes les Écritures? Si *yom* symbolise une longue période de temps, les «matins» et «soirs» sont aussi de longues périodes de temps. Symbolisent-ils une longue période de lumière (matin) suivie d'une longue période de ténèbres (soir)?

Certains critiques citent Psaumes 90.4 et 2 Pierre 3.8 pour dire que *yom* en Genèse chapitre 1 représente une longue période de temps. Cependant, ces passages nous enseignent l'éternité de Dieu. Ces passages sont-ils un critère suffisant pour changer des jours en années et des années en jours selon notre bon plaisir? Les deux passages cités nous autoriseraient-ils à conclure que les 1000 ans d'Apo. 20.7 ne sont « qu'un jour » ?

D'autres estiment que les jours de Gen. 1 ne sont pas des jours ordinaires de 24 heures puisqu'il n'y avait pas encore de soleil et de lune. Cependant, nous mesurons le temps en « jours » là même où le soleil n'apparaît pas pendant de longs mois : dans les régions polaires. Dans ces régions nul ne songerait à mesurer le temps en se basant sur l'apparition ou la non-apparition du soleil. Qui dirait qu'un jour au Pôle Nord équivaut à 6 mois dans une autre région du monde ?

Les plantes furent créées le 3e jour alors que le soleil fit son apparition le 4e jour. Les plantes dépendent du soleil pour survivre. Comment imaginer que les plantes puissent subsister pendant des millénaires sans le soleil ? De nombreuses plantes dépendent des oiseaux, des abeilles et autres insectes pour semer leur pollen. Comment se seraient-elles multipliées pendant des millénaires sans l'aide de ces animaux créés plus tard ?

Si nous comparons l'ordre de la création en Genèse et l'ordre supposé des fossiles, ces deux se contredisent. Nous en avons un exemple si nous considérons les arbres fruitiers, lesquels selon la Genèse apparurent avant les poissons et les autres animaux de la mer. La végétation apparaît en Genèse avant le soleil et la lune ; les poissons et les oiseaux apparaissent simultanément. Il ne suffit donc pas de dire que les jours (*yom*) de Genèse 1–2 symbolisent de longues périodes de temps ; il faudrait pouvoir montrer que ces périodes correspondent aux époques géologiques.

À propos de la création initiale, le récit biblique affirme que « Dieu dit que cela était bon ». Comment pouvons-nous réconcilier cette affirmation de la Bible avec les théories de Darwin qui impliquent la lutte et la domination des créatures plus fortes sur celles qui sont plus vulnérables ?

Le Sabbat (le 7e jour de la semaine) est le jour que Dieu a institué comme jour de repos pour Israël. Combien de milliers d'années représentent ce Sabbat (voir Gen. 2.1-3 ; Ex. 20.11 ; 31.17) ? Le Nouveau Testament montre que le repos du 7e jour signifiait pour Dieu que la création était achevée (Héb. 4.3 ; 4.10). La création était achevée et bonne aux yeux de Dieu (Gen. 1.31 ; Rom. 8.18-22 ; Psaume 136).

▶ Les espèces (Gen. 1.21, 24, 25)

La Genèse dit explicitement que les différentes formes d'organismes vivants devaient se reproduire « selon leur espèce ». Cela implique qu'il y a une limitation des variations dans le processus de reproduction. Quel que soit le sens précis du mot hébreu qui est traduit « espèce », nous pouvons, à la rigueur, accepter des variations dans un même groupe d'organismes (des mutations) ; mais ce mot s'oppose à l'idée qu'il puisse y avoir des variations d'un groupe d'organismes à un autre (des transmutations). Cette affirmation de Genèse est en contradiction flagrante avec le principe de base de la théorie de l'évolution qui implique des mutations à l'intérieur d'une espèce et qui finissent par produire une autre espèce complètement distincte.

L'évolution des espèces selon Darwin suppose que dans le processus de l'évolution il n'y avait pas de barrière infranchissable entre les différentes espèces. Le mot qui est traduit « espèce » en Gen. 1 (*min* en hébreu) désigne des groupes d'organismes qui se reproduisent (voir Gen. 1.21, 24, 25). Ce mot n'est certainement pas une référence aux « espèces » en général, mais pourrait être une référence aux genres, familles et ordres ou autres catégories de taxonomie. La classification qui est utilisée aujourd'hui est surtout celle (très utile) qui a été mise au point par Linné il y a environ deux cents ans. Il n'y a pas de raison de penser que le mot « espèce » tel qu'il fut utilisé par Moïse il y a 3 500 années est l'équivalent précis du mot « espèce » tel qu'il est employé aujourd'hui. Des recherches récentes faites par des érudits de la langue hébraïque indiquent que le mot *min* pourrait avoir un sens plus large que notre mot « espèce » et pourrait correspondre à des groupes tels que les *familles* et *ordres* utilisés dans la classification taxonomique de Linné. Il se pourrait même que ce mot n'ait pas d'équivalent précis dans notre 21ᵉ siècle.

Nous pouvons en déduire que tout changement dans les organismes n'a lieu qu'à l'intérieur de certaines limites – limites fixées par Dieu – puisque les Écritures enseignent que les organismes se reproduisent selon leur espèce. Il ne peut donc pas y avoir de changement dans un organisme qui ferait que cet organisme est d'une « espèce » différente de ses ancêtres.[4]

La biologie est en accord avec ce point de vue de la Bible concernant la reproduction des espèces. À la base un genre n'est pas comparable à un autre genre, du fait de sa propre constitution interne, et surtout à cause de l'ADN de ses gènes. Il existe différents genres et la constitution de ces genres varie. Ce fait suffit à isoler d'une façon effective les différents genres les uns des autres par un fossé infranchissable :

> « La diversité organique est un fait que l'on peut constater et auquel chacun est plus ou moins accoutumé… Si nous rassemblons autant d'êtres vivants que nous pouvons le faire, nous observons tout de suite que leurs différences ne constituent aucune sorte de distribution continue. Au lieu de cela nous trouvons une multitude de distributions subtiles et bien distinctes. Le monde vivant n'est pas en soi un ordre unique d'être vivants dans lequel deux variétés sont reliées par des degrés successifs qui ne montrent aucune lacune. Ce que nous trouvons, c'est une liste de groupes plus ou moins distincts – groupes entre lesquels les intermédiaires sont inexistants ou du moins rares. »[5]

Ceux qui affirment que le récit de la création en Genèse n'est pas historique mais « mythique » ne sont pas d'accord sur le genre littéraire de ce récit « mythique ». Il leur serait difficile d'être d'accord sur ce sujet, car le récit de la création n'est que de la simple prose. Lorsqu'on écoute les critiques, on a le choix entre un poème, un poème mythologique, une saga, une cosmologie épique, une cosmologie légendaire, etc. Cependant, le texte lui-même ne comporte pas de preuves textuelles pour tous ces genres littéraires supposés. Encore une fois, le texte hébreu n'est que de la prose. Ainsi, le célèbre commentateur Leupold dit que le récit de la création en Genèse est

---

[4] *The Case for Creation*, Wayne Frair and P.W. Davis pp. 78, 79.
[5] T. Dobzhanky, *Genetics & The Origin of Species*, 3 Ed. p. 4

« une description des événements tels qu'ils se déroulèrent ».[6] Nous sommes contraints bibliquement et théologiquement d'accepter le récit de la création tel que nous le lisons. C'est le récit d'événements qui se sont réellement déroulés.

▶ **La Genèse et les généalogies**

En Genèse 5 nous est montrée la naissance de Seth, qui à son tour engendra Énosch, lui-même père de Kénan, etc., et ce jusqu'à Noé. Nous trouvons la même liste en Luc 3. Tous reconnaîtront que Luc est un écrivain qui met l'accent sur l'historicité de ses écrits (Luc 1.1-4). Comment pouvons-nous douter de la réalité de ces généalogies ?

Une expression en Gen. 2.4 est aussi très révélatrice : « Voici les origines de cieux et de la terre, quand ils furent créés. » Le mot « origine » est en hébreu *tôldôth*. Le mot *tôldôth* n'a pas exactement le même sens que le mot hébreu *bereshith* (« commencement » Genèse 1.1). À la base ces deux mots veulent dire « commencement », « origine ». Cependant *bereshith* implique une « cause initiale » alors que *tôldôth* se réfère aux « effets », aux « conséquences ». En effet *tôldôth* vient de *yaladh* qui veut dire « donner naissance, procréer, et par extension veut dire développements, effets, conséquences ».[7] La même expression est employée en Gen. 2.4 ; on la trouve aussi en Gen. 5.1 traduite « la postérité d'Adam » ; 6.9 ; voir aussi « la postérité des fils de Noé ; 11.10 ; 11.27 ; 25.12 ; 25.19 ; 36.1 ; 36.9 ; 37.2. Des érudits tels que Desch soulignent le fait que cette formule *tôldôth* (postérité) sert de titre à des généalogies historiques.[8]

Il est donc intéressant de noter que cette formule est utilisée en Gen. 2.4 en rapport avec la création, l'origine des cieux et de la terre. Cette formule comme dans les autres passages de Genèse montre la cause initiale historique qui a provoqué certains développements. Ainsi le « livre de la postérité (*tôldôth*) d'Adam » pourrait

---

[6] Leupold, *Exposition of Genesis* p. 25.
[7] Voir Thomas Whitelax, *Exposition of Genesis* » p. 40 ainsi que Keil, Kalisch, Genesius.
[8] Voir *Symposium on Creation* p. 64 Baker Book House. Op. cit « Lutherischer Rundblick ».

être littéralement traduit : « le livre des développements de la cause initiale Adam ».

Ces quelques remarques relatives au texte original posent des problèmes sans solution à ceux qui rejettent l'historicité des premiers chapitres de la Genèse. Nous conclurons ces remarques par deux observations du prof. Edward Young (qui fut professeur d'Ancien Testament à Westminster Theological Seminary) dans son livre *Genesis 3* : « Tout dans le chapitre nous pousse à conclure que l'écrivain utilise la simple prose. L'écrivain décrit des événements qui se sont réellement déroulés » (*Genesis 3*, p. 55).

Certains critiques interprètent les premiers chapitres de Genèse comme une polémique contre des concepts païens ; polémique qui viserait à enseigner ce qu'est la souveraineté de Dieu, sa bonté, etc.… mais dont le but ne serait pas de nous informer quant à l'ordre véritable et historique de la création. Il est vrai que le récit de la création peut constituer une réfutation de notions païennes, mais cela ne signifie pas que ce récit est nécessairement sans portée historique. Les deux choses ne sont pas en opposition.

Certains critiques estiment que Genèse chapitres 1 et 2 peuvent être assimilés à des louanges qui rendent gloire au Dieu créateur, louanges semblables à d'autres passages dans les Écritures tels que Psaumes 104 ; Proverbes 8 ; Job 38 & 39 etc. Toutefois, une comparaison entre par exemple le Psaume 104 et Genèse 1–2 révèle des différences très nettes entre les deux passages bibliques.

Le Psaume est caractérisé par le parallélisme hébraïque. Mais cela n'est pas le cas dans le récit de la création en Genèse. Le Psaume commence par ces paroles : « Mon âme, bénis l'Éternel ! » Ce premier verset introduit le thème du Psaume et continue ainsi : « Éternel, mon Dieu, tu es infiniment grand. » Ainsi, le Psaume déclare être un poème de louange à Dieu. Il n'en est pas de même du récit de la création en Genèse. De plus, c'est une erreur d'affirmer que le Psaume 104 est un récit de la création. Le Psaume ne mentionne pas plus la création de l'homme que celle de l'animal. Proverbes 8 ne mentionne pas le soleil, la lune, les étoiles, les animaux, l'homme et la femme. Ainsi en est-il de Job 38 & 39. Il est vrai que tous ces hymnes de louanges supposent le récit de la création en Genèse; ils supposent, au départ, que le lecteur est déjà familiarisé avec le récit de la création en Genèse. Ces louanges sont des méditations spirituelles sur certains aspects de la création et sur le caractère de Dieu. Cependant, on ne peut en conclure que le récit de la Genèse est du même genre littéraire et nous a été donné dans le même but.

▶ Les anthropomorphismes attribués à Dieu

L'emploi d'expressions anthropomorphiques dans le récit de la création («Dieu dit...», «Dieu vit que cela était bon) prouverait-il la nature symbolique et le genre poétique du récit? La présence d'expressions anthropomorphiques attribuées à Dieu ne s'oppose pas nécessairement à la nature historique du texte (voir Gen. 11.5 ; Ex. 3.8 ; Luc 11.20). Ainsi, selon Young :

> «L'expression "il souffla" peut être appelée une expression anthropomorphique, mais l'utilisation qui en est faite dans ce sens est limitée. L'homme était réellement un homme, ainsi que la poussière et le souffle de vie. On ne peut pas parler légitimement d'anthropomorphismes dans ces dernières expressions.»[9]

Nous pouvons conclure avec le professeur Leupold que le récit de la création n'est pas constitué de «présuppositions mythiques», «d'exagérations poétiques» ou de «vagues suppositions». Le récit de la création en Genèse est un récit d'événements tels qu'ils se sont réellement déroulés... événements d'une importance capitale pour l'humanité» (*Exposition of Genesis*, p. 25).

▶ La question du péché et de la mort

Si l'on rejette l'historicité du récit qui se trouve en Gen. 1–3, nous n'avons aucune explication satisfaisante quant à l'origine du péché et de la mort. Le récit nous fait entendre que la création était «bonne» aux yeux de Dieu. L'être humain (homme et femme) fut créé à «l'image de son créateur». Comment réconcilier cela avec le

---

[9] Voir «Symposium on Creation» p. 66. *Westminster Theological Journal*, May 1963 p. 169.

darwinisme ? Le mal, la souffrance, la mort font partie intégrante du processus nécessaire à l'évolution. La Genèse et le Nouveau Testament déclarent que la mort et le péché survinrent à la chute d'Adam et Ève. La présence de l'arbre de vie dans le jardin d'Eden montre que depuis le commencement l'homme était une créature dont l'existence dépendait de Dieu. Cette dépendance est représentée par l'arbre de vie sans lequel l'être humain finirait par périr, car il n'est pas immortel. Par le péché il annula pour lui-même ce privilège, et au moment même de sa transgression il prit le chemin de la mort ; il se coupa de la relation avec Dieu, de la présence de l'arbre de vie.

L'état de l'être humain avant la chute n'était pas un état d'immortalité absolue ou la certitude de ne pouvoir mourir sous aucune condition, ou même une liberté totale vis-à-vis de la mort, dans le sens où Dieu et les anges sont immortels. Il était dans un état d'« immortalité » seulement sous certaines conditions. Tant que l'homme se nourrissait de l'arbre de vie, il ne pouvait mourir. Cet arbre avait la capacité de prolonger la vie physique de l'homme (Gen. 2.9 & 3.22). L'homme fut privé de l'arbre de vie lorsqu'il fut banni du jardin. La possibilité de vivre à jamais aurait permis à l'être humain de vivre à jamais dans le péché et aurait éliminé pour lui toute possibilité de renouvellement ou de restauration.

▶ Le témoignage du Nouveau Testament

L'Écriture est elle-même la meilleure interprète des Écritures. Le Nouveau Testament nous enseigne beaucoup de vérités concernant Adam et Ève et nous montre la position de nos ancêtres par rapport au plan de rédemption et par rapport aux grandes doctrines chrétiennes. Jésus-Christ croyait lui-même que les douze premiers chapitres de la Genèse sont historiques. Il en fait la base de plusieurs enseignements importants. Adam et Ève vécurent et furent le premier couple de l'histoire humaine. Jésus utilise cet exemple historique pour montrer quelle doit être, de tout temps, la relation entre l'homme et la femme dans le mariage (voir Gen. 1.27, 28 ; 2.21, 22 ; Mat. 19.4 ; Marc 10.7).

En Jean 8.44, Jésus fait allusion au mensonge de Satan. Jésus croyait à la réalité du récit de la tentation d'Ève par Satan décrite en Genèse ch. 3. Jésus croyait à l'historicité du déluge. Il mentionne la corruption des hommes de ce temps-là et conclut en montrant le résultat de cette corruption (voir Gen. 7.23 ; Mat. 24.38 ; Luc 17.27). Jésus croyait à l'existence d'Abel. Il croyait qu'Abel fut tué par son frère (voir Mat. 23.35 ; Luc 11.51). En Matthieu 23 Jésus nous donne deux exemples historiques d'hommes justes qui furent martyrisés (Abel et Zacharie, 2 Chroniques 24.20). Pour Jésus le sang d'Abel coula réellement, et il fut bien le fils d'Adam et Ève (Gen. 4.2, 8, 25).

La généalogie de Jésus remonte jusqu'aux premiers chapitres de la Genèse, même jusqu'à Adam (Luc 3.23-38). Pourquoi ces personnages seraient-ils tous des personnages historiques… sauf Adam et Ève ?

L'apôtre Paul croyait à l'historicité des premiers chapitres de la Genèse (1 Cor. 11.8, 12 ; 1 Tim. 2.13 ; Romains 5.12, 17). À propos de ce dernier passage, un auteur a dit :

« La chute historique d'Adam et Ève – ces deux individus – est le présupposé sur lequel s'appuie la réalité de la condition perdue de l'homme et la nécessité d'un sauveur. Le texte insiste sur le besoin d'un tel sauveur en soulignant que ce fut par un homme que le besoin de salut se fit sentir. C'est cela qui ressort de 1 Cor. 15.44-49, 57 ; Rom. 5.12, 15-19 – cf. aussi 1 Tim. 2.13, 14 ; 1 Cor. 11.8, 9. »[10]

L'ÉTAT ACTUEL DU DARWINISME

« L'état actuel du darwinisme n'a guère changé depuis 1860 lorsqu'Huxley avouait que la théorie de l'évolution n'est pas une théorie encore certaine mais une hypothèse tentante, extrêmement valable et probable, mais néanmoins… une hypothèse. »[11]

---

[10] Dr W.R. Roehrs, *The Creation Account of Genesis*, "Concordia Theological Monthly", May 1965, pp. 317-318.
[11] Dr Gertrude Himmelfarb, *Darwin and the Darwinian Revolution*, Chatto & Windyus 1959, p. 366.

« L'évolution est bien décrite par le mot "philosophie" mais elle est mal décrite par le mot "science". Si elle est appelée "science", alors il s'agit d'une "science" qui ne mérite pas ce nom. »[12]

« Le succès du darwinisme fut le prélude au déclin de l'intégrité scientifique. »[13]

« Lorsque la théorie de l'évolution était encore jeune, et que les faits alors connus (bien que peu nombreux) semblaient la confirmer, la plupart des gens disaient que c'était une théorie absurde. Un siècle est passé, et beaucoup d'autres faits ont été découverts qui s'opposent à la théorie de l'évolution. Cependant, aujourd'hui, la plupart des gens disent que la science a prouvé l'exactitude de la théorie de l'évolution et que nous devons l'accepter. N'est-ce pas là, le plus grand paradoxe de ces cent dernières années ? »[14]

LE DARWINISME ET LES DIVERSES CONCEPTIONS DE L'ÉVOLUTION

Les zoologues modernes font une distinction entre le « darwinisme » et les théories de l'évolution telles qu'elles sont postulées de nos jours. Au cœur de la théorie de l'évolution selon Darwin, il y a ce qu'on appelle la théorie de la « sélection naturelle ». Un scientifique de l'époque de Darwin a défini ainsi cette théorie :

« Lorsque sous certaines conditions des variétés sont produites et qui s'accommodent mieux que d'autres aux circonstances de la vie, ces premiers seront victorieux dans la lutte pour l'existence, et les derniers seront éliminés. »[15]

Parfois on pense à tort que les théories de l'évolution telles qu'elles sont postulées aujourd'hui par les plus éminents chercheurs ont

---
[12] Dr Merson Davies, *The Bible and Modern Science*, 4th Ed. T. & A. Constable, 1963, p. 93.
[13] Dr W.R. Thompson dans son introduction à *L'origine des Espèces* de C. Darwin. p. XXI J.M. Dent & Sons, 1956.
[14] Prof. J. Tinkle, *Good News Broadcaster*, Oct. 1965, p. 16.
[15] Prof. Wasman Erich, *The Problem of Evolution*, G. Kegan Paul Trench, Trubner & Co. Ltd. 1909, p. 40.

comme fondement principal le «darwinisme». Or, de nos jours rares sont les savants qui tout en croyant à l'évolution des espèces acceptent la théorie de Darwin concernant la notion de sélection naturelle; parfois ils acceptent cette notion mais la considèrent comme secondaire dans le processus de l'évolution.

Pour admettre le darwinisme, certains présupposés restent fondamentaux. Le premier a trait à l'origine et à l'âge de l'univers. Certaines théories scientifiques sur l'origine de l'univers contredisent la Bible, mais nous pouvons affirmer qu'il n'y a pas de fait connu et expérimenté qui contredise Gen. 1–3. Il existe de nombreuses théories sur l'origine et l'âge de l'univers et de la terre. Ces théories sont variées, et elles reposent toutes sur un certain nombre d'hypothèses. Nous attendons l'expérience qui prouvera l'une de ces théories sur l'origine et l'âge de l'univers. Comme le dit Immanuel Velikosky :

> «Il est admis que nous ne pouvons connaître la vérité sur l'origine du système planétaire et cométaire qui remonte à des milliards d'années. Le point faible dans ce problème de l'origine et du développement du système solaire, c'est qu'il demeure spéculatif. C'est une opinion courante que, faute d'avoir été présents à la formation du système, nous ne pouvons légitimement avoir la moindre idée de cette formation. Tout ce que nous pouvons faire, pense-t-on, c'est d'explorer une seule planète, celle qui nous porte, afin d'apprendre son histoire puis, par déduction, tenter d'appliquer les résultats ainsi recueillis à d'autres membres de la famille solaire.»[16]

Comme nous l'avons déjà dit, le récit de la création en Genèse s'harmonise d'une façon surprenante avec des vérités scientifiques fondamentales. En cela, ce récit est unique parmi d'autres cosmogonies : «D'autre part, ce texte présente un contraste frappant avec les autres cosmogonies qui nous sont parvenues d'avant l'âge scientifique.»[17]

Les présupposés qui sont à la base de notre croyance sur la question de l'origine de l'univers et de la terre sont des présupposés d'ordre

---

[16] Voir *Mondes En Collision*, Immanuel Velikovsky, Ed. Stock 1967, p. 14.
[17] Marcus Dod, «Genesis» *The Exposition Bible,* p. 3.

philosophique. Il faut donc souligner l'importance de l'*a priori* philosophique dans la position adoptée :

> « À la base, la question des origines est une question philosophique. Alors que l'homme s'interroge sur son origine ou sur sa constitution, sa pensée doit, éventuellement, dépasser le cadre de ce qu'on peut observer par l'expérimentation pour entrer dans les domaines métaphysiques de la théologie et de la philosophie. Cela est vrai parce que l'origine de l'univers et l'origine de la vie ne sont pas des événements observables ou qui peuvent être reproduits dans un laboratoire tels qu'ils se sont déroulés. En outre, si un homme de science est contraint par une prédisposition ou des présupposés philosophiques à chercher uniquement des explications "mécaniques" alors bien sûr l'alternative théologique est éliminée. Le but de ce livre est de montrer qu'il n'est pas raisonnable d'ignorer l'alternative théologique dans la question des origines. »[18]

> « Nous en arrivons finalement au point où les théories qui sont basées sur nos concepts actuels des lois physiques ne peuvent plus rien nous dire. À ce point nous passons des lois physiques aux principes métaphysiques, de l'astronomie à la théologie où les points de vue scientifiques se mêlent aux croyances personnelles de l'individu. »[19]

> « La science n'offre pas de réponse satisfaisante à deux questions fondamentales : la question des origines et la question de la fin. »[20]

> « Les cosmologistes, pour la plupart, demeurent silencieux sur la question des origines premières et laissent cette question aux philosophes et aux théologiens. »[21]

Le récit de la création ne peut pas être interprété comme « mythique » si l'on s'en tient au texte biblique. Cependant, cela ne signifie

---

[18] D. England, *A Christian view of Origins*, p. 13.
[19] Dr Lovell, *The Individual and the Universe*, New York : Harper & Row, Pub. 1958, p. 84.
[20] Robert Jastrow, *Red giants and white dwarfs*, p. 32
[21] L. Bernett, *The Universe and Dr Einstein*, New York : Harper & Brothers, 1948, p. 10.

pas que le récit de la création en Genèse est une description scientifique précise de la création.

Le récit de la création a pour but de faire comprendre aux hommes de tous les âges et de toutes les cultures comment Dieu fut à l'origine de ce monde et comment la nature était « bonne ». C'est pour cela qu'il fallait que le récit de la création en Genèse soit simple à comprendre et dénué des concepts (mythiques ou scientifiques) typiques à certains âges et à certains peuples. Le récit de la création ne nous dit rien de précis et de certain sur l'âge exact de l'univers et de la terre. Les chronologies bibliques sont elles-mêmes insuffisantes pour déterminer l'âge de la terre et de l'apparition de l'homme avec précision. Les chronologies de la Genèse sont incomplètes. Seuls les principaux individus sont mentionnés ; l'âge des individus n'est pas toujours précisé, etc.[22] Nous le répétons : La Bible ne nous dit rien de spécifique concernant l'âge de la terre et le moment où nous pouvons situer l'apparition de l'être humain. La seule conclusion que l'on pourrait tirer des chronologies de la Genèse est qu'on doit évaluer l'apparition de l'être humain en « milliers » d'années plutôt qu'en « millions » d'années.

▶ **Le récit de la création en Genèse souligne trois vérités.**

1. Dieu est le créateur. Toute la création est le résultat du commandement divin et de la volonté divine. Sans Dieu le monde n'existerait pas (cf. Jean 1.1-3). De nombreux textes bibliques font appel à la création pour démontrer la puissance de Dieu.

2. La création se fit selon un certain ordre, et l'on y voit une certaine harmonie. En outre la création était « bonne » aux yeux de Dieu.

3. L'être humain (homme et femme) fut créé à l'image de son créateur, et cela fait de lui une créature unique. Il est présenté comme ayant une relation unique avec le Créateur et des responsabilités uniques envers le Créateur et la création.

---

[22] Ussher, l'évêque anglais, fit une grande erreur lorsqu'il affirma dogmatiquement que la terre a 6 000 ans d'âge. La Bible ne dit rien de tel.

Ces trois vérités qui ressortent du récit de la création sont trois thèmes fondamentaux des Écritures et du plan de la rédemption ; elles donnent un sens à de nombreux enseignements de la Parole de Dieu. Il n'est pas nécessaire de se plier au compromis de « l'évolutionnisme théiste » pour avoir une croyance qui ne contredise ni la révélation divine ni les faits scientifiques. Il nous faut voir objectivement les limites (scientifiques) de la révélation et les limites (théologiques) de la science.

LES MÉTHODES POUR ESTIMER L'ÂGE DE LA TERRE

Il nous faut à présent faire mention des principales méthodes employées pour déterminer les origines du monde ou de l'homme.

▶ La datation par l'uranium

C'est sans doute la méthode la mieux connue du grand public. Par cette méthode, on mesure la quantité de certains éléments radioactifs contenus dans les roches. L'uranium se désintègre en d'autres éléments jusqu'à devenir du plomb. Tel que nous pouvons le constater aujourd'hui, ce processus de désintégration est constant. Nous savons que dans les conditions actuelles, 7 600 000 000 grammes d'uranium produisent 1 gramme de plomb en un an. Connaissant cela, on peut calculer l'âge des roches. De nombreuses substances se forment au cours de cette transformation (U^{238}/Pb^{206}). Chacune de ces substances se désintègre à un moment donné et en devient une autre. Cette désintégration est mesurée en « périodes » (« demies-vies ») – la « période » est le temps nécessaire à la moitié d'une certaine quantité d'une substance radioactive pour qu'elle se désintègre. On suppose dans ce calcul que, lors de leur formation initiale, les roches ne contenaient que de l'uranium. D'autres méthodes dépendent de celle de l'U^{238} (par exemple « the ore method » & « meteorite method »).[23]

On constate que seul U^{238} et U^{234} ont une « période » longue. Les autres éléments se désintègrent relativement lentement. On donne un

---

[23] « Genes, Genesis and Evolution » Klotz p. 101, *General Inorganic Chemistry*, M.C. Sneed & J. Lewis Maynard – N.Y. Van Nustrand 1942, p. 876.

âge très grand aux roches à cause des périodes de l'U^{238} et de l'U^{234}. Si pour une raison ou une autre ces deux éléments ne se trouvaient pas tels quels dès le départ dans les roches (si par exemple Dieu avait placé dans les roches, dès la création, de l'ionium et du radium ou un autre élément de la série), on arriverait à des âges bien plus récents que ceux auxquels on arrive en supposant qu'il n'y avait que de l'uranium dans les roches au départ (voir *Genes, Genesis and Evolution*, Klotz pp. 102, 103). Par conséquent la méthode suppose donc un certain nombre de choses :

1. Les roches ne contenaient que de l'uranium lorsque la couche terrestre se forma.

2. Il n'y a pas eu d'autres transformations en dehors de la transformation radioactive de U^{238} en Pb^{206}.

3. Chaque minerai de Pb tient son origine d'un seul lieu et n'a pas été mélangé avec du Pb provenant d'autres sources.

4. On peut déterminer les quantités d'uranium, de thorium et de Pb non radioactives qui auraient été dans les roches à l'origine.

5. Le processus de désintégration, qui dans les conditions actuelles ne peut être ni accéléré ni ralenti, est toujours demeuré constant depuis le moment où les roches furent originellement formées.

Les géologues et les physiciens reconnaissent que les suppositions 2), 3), 4), 5) ne sont pas forcément correctes (voir Klotz pp. 102-103). Les résultats obtenus par différentes méthodes varient. Citant une revue scientifique Klotz en donne plusieurs exemples.[24] Il faut souligner qu'il est toujours difficile de déterminer dans une roche la quantité de plomb non radioactif. Cela rend le calcul plutôt incertain (Patterson, Tilton et Inghram pensent que cette méthode est encore incertaine, voir Klotz p. 109).

---

[24] Nier. Alfred O, « The Isotopic Constitution of Radiogenic Leads and the Measurement of Geological Time III » – Physical Review, LX 1941, p. 112.

▶ **La datation par le carbone 14**

Cette méthode de datation présente aussi des difficultés et nécessite certains présupposés :

« Il est possible que certaines substances aient moins de radioactivité à cause de l'intrusion de carbone "mort". Ceci aurait pour résultat de donner un âge plus grand à cette substance, alors qu'en réalité, elle est plus jeune. Il est aussi possible que le contenu en radiocarbone de certains éléments puisse être enrichi par certains processus chimiques et physiques. Cela aurait pour résultat de donner un âge moins grand à telle ou telle substance... il existe, en outre, de nombreuses causes de contamination des instruments utilisés pendant les tests ».[25]

▶ **Autres méthodes de datation pour estimer l'âge de la terre**

L'érosion

C'est l'effet d'usure et de transformation que les eaux et les agents atmosphériques font subir à l'écorce terrestre et qui permettrait d'estimer l'âge de la terre à 420 millions d'années.

La salinité des océans

Les océans contiendraient 12 600 milliards de tonnes de sel. En connaissant les dépôts salins annuels, on a estimé l'âge de la terre à 360 millions d'années. On suppose que les phénomènes d'érosion qui sont liés à ces dépôts salins ont toujours été uniformes.

À PROPOS DES MÉTHODES RADIOACTIVES

On détermine le temps qu'il faut pour certains corps radioactifs de perdre de leur radioactivité. On suppose qu'il n'y a pas eu par le passé d'autres processus de radiations ou qu'il ne peut exister aucun moyen permettant l'accélération ou le ralentissement du processus. Le calcul suppose qu'il n'y a pas eu d'autre isotope attaché à l'échantillon et

---

[25] Klotz p. 113 & « Radiocarbon datability of Peat, Marl Caliche and Archaeological materials » « Science » XIV 1951 pp. 55ff H.H. Bartlett.

qu'il n'y a pas eu par le passé d'autres processus de radiation et qu'en outre il n'y a pas eu de ralentissement ou d'accélération du processus au cours de temps. Ces méthodes permettraient d'estimer l'âge de la terre à 3,3 milliards d'années.

L'ÂGE DE LA TERRE ET LE DARWINISME

Ce sont là les principales méthodes employées, et toutes présentent un certain degré d'incertitude. Que dirons-nous donc des évidences scientifiques sur l'âge de la terre ? Un grand nombre d'évidences et d'observations indiqueraient que l'âge de la terre est supérieur à l'âge qui a été postulé par Ussher. Nous devons être circonspects sur ces calculs et ne pas insister que la terre n'aurait que 6 000 ans d'âge.

Nombre de processus qui depuis longtemps ont été considérés comme des processus très lents (calculés en millions d'années) sont maintenant reconnus pour avoir été d'une durée plus courte. Par exemple, on suppose généralement que le pétrole se forme seulement après que la substance organique initiale soit couverte de plusieurs milliers de pieds de surcharge, après des millions d'années. Cependant, Smith a découvert des hydrocarbures (dont le pétrole est composé) dans des couches qui ont été estimées comme étant « récentes ». Un échantillon d'hydrocarbures trouvé dans le golfe du Mexique fut daté par la méthode de C^{14} et on l'estime à 12 300 +/− 1200 années – il y a une grande différence entre ces résultats et les millions d'années qui avaient été estimés pour leur formation.

Certaines espèces mammifères qui existent aujourd'hui sont supposées avoir existé pendant un million d'années sans jamais avoir évolué au-delà de l'espèce. Certaines espèces d'invertébrés vivant aujourd'hui sont supposées avoir subsisté telles quelles pendant 30 millions d'années.

EN QUOI CONSISTENT LES ÉVIDENCES EN FAVEUR DU DARWINISME ?

« Lorsqu'on survole un manuel traitant de l'évolution de l'homme à partir de l'ordre des primates, on peut être impressionné par des substantifs d'origine latine aux allures savantes… d'autant plus que ces ancêtres supposés de notre espèce sont représentés d'une manière fort réaliste au moyen de magnifiques dessins ou illustrations. Ces soi-disant ascendants de l'homme ne sont pourtant que le fruit d'une foi aveugle en l'hypothèse darwinienne. En réalité nul n'a jamais retrouvé ces imaginaires ancêtres. On a simplement donné des noms ronflants à quelques morceaux de mâchoires et à quelques dents cassées ramassés ici et là. En outre ces quelques morceaux de mâchoires ou de dents sont apparus d'un seul coup sans laisser trace de leur "longue évolution". N'est-il pas curieux de voir apparaître le *parapitecus* (soi-disant le premier fossile d'un singe qui consiste en deux mâchoires), vieux de 40 millions d'années, en plein oligocène alors que son ancêtre le plus lointain serait vieux de 70 millions d'années ? Mais entre-temps pas trace de fossiles intermédiaires ! Le *parapithecus* aurait évolué et produit au bout de 10 à 15 millions d'années le *dryopithecus*. Malheureusement, encore une fois, ce dernier n'a laissé aucune trace de son évolution supposée. Les avis des éminents spécialistes divergent en fait sur le lien entre ce primate, le singe et l'homme. Ensuite viendrait le *pliopithecus* il y a environ 12 millions d'années (un reste de mâchoire et quelques dents). De même pour le *ramapithecus* daté à 10 millions d'années. On prétend que l'évolution des primates s'est faite sur une période d'environ 70 millions d'années. Mais sur quoi repose cette affirmation ? Sur quelques morceaux de mâchoires et quelques dents. Les fossiles intermédiaires restent introuvables (selon Darwin ces fossiles intermédiaires seraient découverts mais cela n'a jamais été le cas : ils restent introuvables à ce jour). Tout démontre que la soi-disant évolution des primates, puis de l'*australopithecus*, puis de l'homme ne repose sur aucune évidence observable ou tangible. »[26]

ÉVIDENCES QUANT À L'ÉVOLUTION DES ESPÈCES

Les « évidences » d'une évolution darwinienne des espèces que nous présentons à présent sont celles que l'on enseigne actuellement

---

[26] Yann Opsitch, Horizons Chrétiens, Numéro 22, 1982. https://digitalcommons.acu.edu/horizons_chretiens/vol7/iss22/5/

dans les programmes scolaires. Les âges en millions d'années attribués aux invertébrés ou aux vertébrés sont fondés sur la géologie, mais comme le rappelle le professeur Énoch, «l'ordre géologique semble être une duperie; les fossiles sont mis dans un certain ordre suivant la strate où ils furent découverts puis les strates sont combinées suivant les fossiles qu'on y a découverts».

Ces explications reposent sur la notion d'une uniformité des phénomènes géologiques, mais cette uniformité est largement battue en brèche par la recherche actuelle. Ainsi, Énoch évoque l'importance des catastrophes et bouleversements géologiques et planétaires qui ont eu des effets déterminants sur le monde vivant. Le géologue Steve A. Austin étudia de près le Grand Canyon aux USA et publia son livre «Grand Canyon : Monument to Catastrophe» (Le Grand Canyon : monument d'une catastrophe), où il démontre que ce sont des séries de catastrophes qui ont produit le paysage du Grand Canyon et non des microévénements sur des millions d'années.

Quelles sont les évidences qui sembleraient favoriser la théorie darwinienne de l'évolution des espèces? Ces évidences sont de deux ordres : 1. Les évidences paléontologiques (les fossiles). 2. Les évidences expérimentales (la génétique).

▶ La paléontologie

L'évidence présentée par les fossiles est certainement la plus concrète que pourrait souhaiter l'évolutionniste. Si la théorie de Darwin était vérifiable, l'évidence paléontologique devrait être irréfutable; elle devrait être si abondante qu'on ne cesserait de faire des découvertes. Si des fossiles sont découverts, il faut alors franchement les étudier à la lumière de nos connaissances actuelles. Mais en réalité les interprétations fondées sur les fossiles sont souvent imaginaires et supposent, comme un fait acquis, ce qui est à prouver (l'évolution).

La première faiblesse dont il faut faire mention concerne les nombreuses lacunes qui existent entre les principales catégories d'animaux et de plantes. Darwin reconnaissait lui-même cette faiblesse :

« C'est là, sans doute, l'objection la plus sérieuse et la plus évidente qui puisse être faite à la théorie. L'explication se trouve, je pense, dans l'imperfection du relevé géologique. » (C. Darwin, *The Origine of Species* 6th Ed. pp. 292-293)

▶ Les invertébrés

Un nombre d'observations permet de montrer que des formes animales classées parmi les fossiles existent encore aujourd'hui alors qu'on les croyait disparues.

Par exemple : le cœlacanthe (poisson) ; l'opossum (sarigue), le brachiopode linguatule, le limule et un certain nombre de fourmis. Le *cœlacanthe* selon la théorie de l'évolution avait disparu « depuis des millions d'années ». Il fut découvert vivant en 1935. Le *neophilena galatheia* est un mollusque qui, en théorie, s'était éteint pendant le dévonien (ère primaire), mais fut découvert vivant dans les années 1950 à Acapulco. On suppose que cet animal aurait continué à exister pendant 280 millions d'année et pourtant il n'a absolument pas évolué.

Les lacunes entre différents fossiles contredisent la théorie de Darwin. Dr Merson Davis écrit :

« Les évidences géologiques s'opposent à la théorie de l'évolution. Les groupes les plus importants et les plus complexes de créatures n'ont rien qui permette de joindre les phylums, les classes et les ordres. En d'autres mots les "chaînons" manquent là où, précisément, ils devraient être plus nombreux… Les nouvelles structures apparaissent soudainement et sont des plus complexes, comprenant des éléments qui seraient inutiles sans la présence des autres. » (Enoch, *Evolution or Creation*, p. 45)

« Toutes les tentatives de reconstitution de "rameaux phylogéniques", c'est-à-dire la détermination des espèces fossiles successives qui constituent réellement la lignée ancestrale d'un groupe, n'ont jamais permis de trouver, entre les divers termes de telles séries, les multiples formes intermédiaires qui devraient les relier par gradations insensibles ; ce n'est guère que dans le cadre restreint de l'espèce, et plus rarement du genre, qu'il a été possible de rencontrer des séries graduelles de variations échelonnées dans le temps. »[27]

En ce qui concerne les invertébrés, il n'existe strictement aucune évidence d'évolution. Ils apparaissent soudainement et parfaitement constitués pour survivre.

▶ Les vertébrés

Le cas du cheval est souvent cité comme le meilleur exemple de l'évolution. Une visite au musée des sciences naturelles donnera l'impression erronée que les fossiles qui sont exposés furent découverts dans l'ordre où nous les voyons : c'est-à-dire qu'ils furent découverts dans des couches du sol successivement plus jeunes, puis plus anciennes.

Mais tel n'est pas le cas : « Les os des chevaux furent découverts dans les endroits les plus variés, puis ils furent réunis et organisés pour former une séquence... la séquence de leur "évolution" » (Enoch *Evolution or Creation* p. 48). Sur toute la terre, il n'y a pas un seul endroit où l'on a trouvé ces ancêtres supposés du cheval dans l'ordre où ils nous sont présentés. Ces restes de chevaux ont été groupés et ordonnés de cette façon depuis *l'eohippus* jusqu'au cheval moderne (*l'equus*). Cette organisation des fossiles a été faite en supposant, au départ, que l'évolution du cheval a réellement eu lieu. C'est cela que Charles Duperet appelle une « duperie ».[28]

▶ Les fossiles intermédiaires

Il y a en paléontologie ce qu'on appelle des fossiles intermédiaires. On conclut d'une façon arbitraire, selon les ressemblances de certains animaux, qu'il y a des fossiles qui constituent le lien entre d'autres fossiles et les animaux d'aujourd'hui.

L'Archéoptéryx est supposé être l'intermédiaire entre le reptile et l'oiseau. Cet animal est un oiseau, et il possède des dents, comme

---

[27] Camille Arambourg, *La Genèse de l'Humanité*. Presses Universitaires de France, p. 112.
[28] Charles Duperet, *Les Transformations du Monde Animal*, p. 105.

tout autre oiseau du crétacé. Les plumes ne sont pas des écailles qui se seraient transformées, car elles ne proviennent pas de la même couche épidermique que les écailles.

L'Ichthyosaurus serait l'intermédiaire entre les reptiles et les mammifères. Mais cet animal est purement un reptile. Ceci ressort nettement de son unique columelle et du fonctionnement indirect de la mâchoire inférieure.

L'Ichtyostéga serait l'intermédiaire entre les poissons et les amphibiens. Cependant on ne peut douter que cet animal est purement amphibien. Ses ressemblances minimes avec les poissons sont des ressemblances morphologiques (voir plus loin les faiblesses de l'argument morphologique) qui ne constituent pas une preuve que cet animal est un intermédiaire entre deux groupes d'animaux bien distincts.

Une croyance répandue consiste à penser qu'il existe une succession de fossiles constituant des fossiles intermédiaires entre les reptiles et les mammifères. Cette croyance n'est pas fondée sur les faits. Selon Emile Guyénot :

« Si nous commençons à voir comment s'est faite l'évolution superficielle qui a engendré les races et les espèces, **aucune donnée expérimentale ne nous permet d'envisager d'une façon positive la naissance des groupes plus compréhensifs tels que les genres, familles, et surtout ordres, classes et embranchements.** Nous savons que les documents paléontologiques sont généralement muets sur ce point. »[29]

Le Professeur Enoch est un zoologue et a écrit ceci :

« On ne trouve pas de fossile montrant la transition entre la mâchoire des reptiles et des mammifères, ou entre l'oreille des reptiles et des mammifères. On ne trouve jamais de tels fossiles, car ces intermédiaires seraient dans ce cas incapables de manger

---
[29] Emile Guyénot, *L'Origine des Espèces*, Presses Universitaires de France, p. 106.

et d'entendre pendant la transformation des organes. » (Enoch, *Evolution or Creation*, p. 52)

Pour les raisons que nous avons mentionnées, nombre de savants ont mis sérieusement en question la théorie darwinienne de l'évolution. Parmi ceux-ci : Louis Agassiz de Harvard University (*Methods of Study in Natural History*) ; Georges C. Simpson de Columbia Université (*Modes of Evolution*) ; Chester A. Arnold de University of Michigan (*Genetics, Paleontology and Evolution*).

LA THÉORIE DARWINIENNE ET LA GÉOLOGIE

Charles Darwin avait une entière confiance dans le système géologique postulé par Lyell (1797-1875, *Principes de géologie*). Lyell fut l'un des premiers géologues qui aient essayé de postuler et de formuler une histoire chronologique des phénomènes géologiques. Les conclusions de Lyell se fondent sur l'hypothèse que les transformations qui se sont opérées sur cette terre ont toujours été uniformes. Il pensait que les conditions présentes de ce qu'on peut observer servent de modèle à l'étude du passé. La géologie moderne a généralement suivi ce principe, et elle interprète donc le passé en se fondant sur l'hypothèse que les phénomènes passés se déroulaient exactement comme de nos jours.

Comment a-t-on procédé pour établir ce tableau évolutionniste de l'histoire de la vie sur notre planète ? Il fallait d'abord partir de l'hypothèse que la théorie de l'évolution est un fait. C'est là un bon principe scientifique (on part d'une hypothèse et l'on essaie de la démontrer par l'expérimentation). Cependant on est devenu de moins en moins objectif (bien qu'on commence à l'être un peu plus aujourd'hui), et l'on a tiré des conclusions qui n'avaient pas encore été prouvées afin d'établir, au plus vite, la théorie de l'évolution comme un fait :

> « L'ordre géologique semble être une duperie ; les fossiles sont mis dans un certain ordre suivant la strate où ils furent découverts... puis les strates sont combinées suivant les fossiles qu'on y a découverts. »[30]

---

[30] Enoch, *Creation or Evolution*, p. 26.

Mais la nature et la composition du sol ne sont pas prises en considérations lors de telles observations :

> « Ces groupements, bien qu'ils soient en fait des regroupements arbitraires des roches stratifiées qu'on trouve dispersées dans plusieurs régions, sont considérés comme des groupements élémentaires et sont utilisés pour établir des chronologies. Pour décrire toute strate contenant des fossiles, le premier pas vers une définition scientifique est de leur attribuer une place dans un des groupes géologiques. La nature même des roches, leur composition, leur contenu minéral, ne rentrent pas en ligne de compte lorsqu'il s'agit de les inclure dans un des groupes géologiques – les fossiles, seuls, servent de critère. »[31]

L'étude des fossiles ne conduit pas nécessairement à la conclusion que l'évolution darwinienne est un fait. Une certaine interprétation de la paléontologique peut amener à cette conclusion, mais cela demeure du domaine des suppositions, des possibilités.

Il existe des interprétations « catastrophiques » se rapportant aux découvertes géologiques et paléontologiques. Cette dernière façon de voir est moins populaire, mais elle est scientifiquement valable et de nombreux savants y souscrivent :

> « Il me semble que tous les phénomènes paléontologiques et géologiques décrits ci-dessus trouvent une explication rationnelle uniquement dans le cadre du récit biblique du déluge. On trouve des versions du même récit dans un grand nombre d'écrits anciens. Au départ, il y avait un monde d'une grande beauté et rempli d'une végétation luxuriante, où vivaient de nombreuses variétés d'animaux et plus nombreux qu'à présent. Puis survint une gigantesque catastrophe qui les enfouit dans la terre, et ainsi certaines plantes et certains animaux furent préservés dans différentes couches du sol. Toutes les questions que se pose l'étudiant de la Bible ne seront peut-être pas résolues ainsi, mais en ce qui concerne les faits de la paléontologie la réponse biblique a plus de valeur que la réponse

---

[31] H.S. William, *Geological Biology*, pp. 37-38.

de la théorie de l'évolution. Les preuves apportées par les fossiles et la biologie témoignent plutôt en faveur de la création que de l'évolution.» (Enoch, *Evolution or Creation*, p. 31)

Il n'y a pas que le croyant qui envisagerait, pour une raison ou pour une autre, d'abandonner la notion «sacro-sainte» du darwinisme. Depuis Cuvier de nombreux chercheurs se sont orientés vers d'autres directions. Nous avons un exemple chez le Russe Immanuel Velikovsky :

> «L'œuvre que j'entreprends – dont ce livre ne constitue que la première partie – apportera des réponses à quelques-unes de ces questions, mais ces réponses entraîneront nécessairement l'abandon de certaines notions scientifiques aujourd'hui considérées comme sacro-saintes, celle par exemple de la révolution harmonieuse de la terre, et celle qui attribue des millions d'années à la constitution présente du système solaire : la théorie de l'évolution elle-même, en conséquence, se trouvera remise en question.»[32]

Cuvier pensait que la terre avait subi de grands cataclysmes, transformant à plusieurs reprises les fonds marins en continents et réciproquement. Il soutenait que les genres et les espèces étaient immuables depuis la création.[33] Le système géologique uniforme proposé par Lyell et accepté par C. Darwin est maintenant dépassé et contrecarré par de nombreuses observations. On trouve une étude intéressante à ce sujet dans le livre *The Genesis Flood* (Whitcomb & Morris 1972 p. 169). Ce livre montre les évidences scientifiques en faveur d'un déluge universel tel qu'il est décrit dans les Écritures ; il montre aussi les répercussions du déluge sur la géologie et le monde animal.

De nombreuses observations nous amènent à remettre en question les théories géologiques qui forment la base de l'édifice qu'est la théorie de l'évolution. Avec cette fondation remise en question, c'est la théorie de Darwin elle-même qui est remise en question.

---

[32] Immanuel Velikovsky, *Mondes en Chaos*, éd. Stock, 1967.

[33] G. Cuvier, *Discours sur les révolutions de la surface du globe, et sur les changements qu'elles ont produits dans le règne animal* – Paris 1820 – 5ᵉ éd.

▶ L'uniformisme en géologie

Quels sont les problèmes soulevés par une interprétation « uniformiste » de la géologie ? Nous avons déjà mentionné le problème majeur. C'est que la géologie historique se base principalement sur la paléontologie. Le géologue s'efforce d'identifier telle ou telle roche en se fondant sur les fossiles qu'il y trouve et sur les déductions de la paléontologie. Si les fossiles sont un critère pour le géologue, plusieurs conditions doivent être remplies avant que les fossiles puissent être considérés comme un critère valable. Il faut par exemple que le fossile qui est utilisé pour dater une certaine période géologique ne se trouve pas dans des sols qui appartiennent à d'autres périodes. On trouve pourtant de nombreux fossiles dans des couches du sol où ils ne devraient pas se trouver (si les principes de la géologie historique sont corrects). Parfois, pour tourner autour de cette difficulté, on a donné à telle ou telle formation géologique une tout autre date que celle déjà admise.

Aux Indes on trouva l'*Equus* dans du *Miocène* (le Miocène est même antérieur aux fossiles des plus anciens ancêtres de l'*Equus*). On déclara donc que ce n'était plus du *Miocène* mais du *Pliocène*. Citant un autre passage de la sorte le professeur Enoch écrit que les faits qui s'opposent à la théorie de l'évolution ne sont pas mentionnés dans les livres d'école ; parfois, dit-il, ces faits sont volontairement cachés. De telles anomalies, comme celle que nous avons mentionnée à propos de l'*Equus*, sont nombreuses et restent sans explication. Les roches elles-mêmes présentent des anomalies. Il existe une chronologie des roches allant des plus âgées aux plus jeunes ; cependant, ce tableau est contrarié par de nombreuses observations. On trouve dans un cas de l'Ordovicien (Silurien) au-dessus du Pléistocène (Wyoming U.S.A.) ; on trouve l'Algonquien (Cambrien) sur du Crétacé (Montana U.S.A.).

D'autres anomalies restent inexplicables et contredisent la chronologie géologique. Pourquoi a-t-on trouvé aux U.S.A. des empreintes de pas datant du *Carbonifère* alors que l'homme est censé ne pas avoir existé avant la fin de l'ère Tertiaire (voir *Genesis Flood* p. 172) ? Le célèbre Albert Ingalls avoue que si un homme a existé pendant la période supposée du Carbonifère, cela impliquerait qu'il faudrait mettre en question toute la science de la géologie telle qu'elle est conçue de nos jours.[34]

On a aussi trouvé au Texas des empreintes de pieds humains dans des roches datant du Crétacé (Ibid. p. 173 *The Genesis Flood*). Assez curieusement, juste à côté des empreintes humaines on a aussi trouvé des empreintes de dinosaures (qui se seraient éteints 70 millions d'années avant l'homme). Pourquoi a-t-on trouvé un crâne d'homme dans du charbon (début de l'ère Tertiaire) ?

DES THÉORIES REMISES EN QUESTION

Pendant longtemps on a cru que le singe est l'ancêtre de l'homme. Les évolutionnistes d'aujourd'hui ne croient plus en cette théorie. La théorie moderne est que l'homme et le singe ont un ancêtre commun. La découverte de l'Homo 1470 et de l'Homo Habilis a confirmé, aux yeux des anthropologues, ce qu'ils soupçonnaient, que l'homme et le singe seraient des « cousins ». La théorie de l'homme-singe est maintenant reléguée au niveau de la légende :

> « Il n'est pas sans intérêt de reconstituer comment la légende de l'homme-singe a pris corps à partir des débris de deux authentiques néanderthaliens. On trouvait, dans ces vestiges, les seules parties qui peuvent directement se prêter à une comparaison avec les singes : les orbites, la voûte basse, le menton fuyant. Si l'homme de Néanderthal était parvenu intact, la paléontologie humaine aurait peut-être évité de tirer si fortement les néanderthaliens vers les singes. Mais, tels que s'offrent les documents, une interprétation excessive était inévitable. »[35]

▶ Que dire de certains critères « scientifiques » ?

Les évolutionnistes supposent qu'une plus grande capacité crânienne est la marque d'une créature plus intelligente et par conséquent

---

[34] Albert C. Ingalls, *The Carboniferous Mystery* vol. 162, « The Scientific American » Jan. 1940, p. 14.
[35] André Leroi-Gourhan, *Le Geste et la Parole*, éd. Albin Michel.

plus avancée dans l'échelle de l'évolution. Beaucoup d'entre eux pensent même que l'évolution de l'homme s'est faite en rapport avec le développement de son intelligence. Il est vrai qu'on trouve des capacités crâniennes qui varient : le gorille : 549 cm3 – les Pithécanthropes : 900 cm3 – l'homme d'aujourd'hui : 1200 à 1500 cm3. Cependant, comme en témoignent plusieurs savants, « le volume du cerveau et la capacité crânienne sont des critères assez relatifs, et les conclusions qu'on peut en tirer n'ont pas de sens si l'on ne peut comparer ces résultats avec le poids total du corps » (Klotz p. 342). Les hommes sont-ils plus intelligents que les femmes parce que leur cerveau est généralement plus lourd ? La taille et le poids du cerveau de la femme sont proportionnels à tout son corps. Ainsi en est-il d'un enfant, qui a un cerveau plus petit qu'un adulte.

Même si nous pouvions connaître dans chaque cas le poids total du corps, il serait toujours difficile d'en tirer des conclusions trop dogmatiques. Le cerveau du singe Chrysothrix Sciureus pèse $1/17^e$ du poids de son corps. Le cerveau de l'homme pèse environ $1/35^e$ du poids de son corps. Ce critère ne suffit pas pour déclarer que ce singe est plus intelligent que l'homme. Le volume du cerveau et la capacité crânienne ne sont pas des critères d'intelligence. Les conclusions qu'on peut tirer ne sont pas fondées.

Les dents sont aussi un critère généralement employé pour déterminer des stades de l'évolution de l'homme et l'âge de certains fossiles. C'est surtout la dimension des dents qui est prise en considération. On pensait que des dents plus grosses auraient appartenu à des spécimens plus anciens. Cependant, depuis qu'on a découvert avec certitude qu'il y a eu des géants sur cette terre, ce critère tombe à l'eau.[36] Les dents ne suffisent pas pour déterminer la taille et la morphologie d'un individu (Klotz pp. 343-344).

L'homme ferait partie de ce qu'on appelle l'ordre des *primates*. Cet ordre comprendrait les *lémuriens* et les *anthropoïdes*. Les anthropoïde ont été divisés en deux groupes : les *platyrrhiniens* et les *catarhiniens*. Les premiers comprennent les singes du Nouveau

---

[36] *The Genesis Flood,* Morris Whitcomb, p. 175.

Monde à narines écartées, ouvertes sur le côté ; les seconds comprennent les singes de l'Ancien Monde qui ont la cloison nasale dirigée vers le bas, qui ont aussi 32 dents, pas de queue préhensile, et un petit pouce. *Les anthropologues pensent que l'homme appartient au sous-ordre des catarhiniens de l'ordre des primates.* Cependant, les savants ne sont pas tous d'accord sur cette classification de l'homme (par exemple F. W. Jones pense que l'homme n'eut pas d'ancêtre Catarhiniens).[37]

On en vint à comparer l'homme à certains singes pour essayer de vérifier la théorie que l'homme descend du singe. Bien entendu, on ne manque pas de trouver des similarités anatomiques entre les deux. Lorsqu'on se met à comparer les animaux d'un point de vue anatomique et morphologique, alors on trouve de nombreuses similarités entre tous les animaux. On constate, par exemple, qu'un chat ressemble plus à un chien qu'à un singe ; un singe ressemble plus à un homme qu'à un chien. On peut ainsi comparer tous les animaux et les classer dans différents groupes, et même tenter d'établir une hiérarchie entre tous ces animaux.

L'évolutionnisme selon Darwin suppose que les similarités anatomiques ne peuvent avoir qu'une seule interprétation « rationnelle »... la théorie de l'évolution. Cependant, l'évolution n'est pas la seule interprétation qu'on peut déduire des études d'anatomie comparative : « La similarité de structure est un fait scientifique que l'on peut constater en étudiant l'anatomie des différents animaux. Mais on peut, avec raison, rejeter l'interprétation qui en est faite (l'évolution), car cette similarité de structure peut être tout aussi raisonnablement une preuve en faveur de la création spéciale de Dieu » (Enoch, *Evolution or Creation*, p. 4).

Les similarités dans la structure des êtres vivants sont une évidence que la création est l'œuvre d'un Créateur intelligent. Il fit appel aux mêmes principes de base lorsqu'il créa plusieurs espèces et groupes d'êtres vivants. À l'intérieur de ces groupes, des changements

---

[37] Jones, *Hallmarks of Mankind*, Baltimore William & Wilkins, 1948, pp. 32, 44ff/voir Klotz p. 347.

pouvaient s'opérer afin de permettre une meilleure adaptation aux diverses conditions de vie :

> « Bien sûr, Il aurait pu donner quatre pattes au chien, 5 pattes au chat, 6 pattes à la vache et 19 pattes à l'éléphant ! Il aurait pu mettre les narines du singe derrière ses oreilles, et il aurait pu donner deux têtes à l'homme ! Mais puisqu'ils devaient tous vivre sur la même terre, respirer le même air, boire la même eau, nous comprenons que, dans sa sagesse, le Créateur les a tous créés sur un même plan, un même modèle, rendant possible certaines modifications suivant les cas. » (Enoch p. 5)

Ainsi, l'être humain présente des similarités anatomiques avec le singe. Mais, cela n'est nullement une preuve en faveur de l'évolution. (On peut seulement dire que l'évolution est une façon d'interpréter cette similarité.)

Si l'homme présente des ressemblances avec certains anthropoïdes, il n'en existe pas moins de grandes différences. La première différence est que l'homme seul est un bipède. Cela n'est pas le cas des singes.[38] Le nez de l'homme est très différent du nez du singe. L'homme possède un menton, pas le singe. Le gros orteil de l'homme ne peut pas être déplacé inversement aux autres orteils. Le cerveau de l'homme est de 2½ à 3 fois plus grand que celui des plus gros gorilles. Les canines du singe se projettent en avant alors que ce n'est pas le cas chez l'homme. La tête de l'homme est posée carrément au sommet de la colonne vertébrale alors que celle des singes a une position avancée. Après la naissance l'être humain grandit relativement lentement. Il y a ainsi une longue liste de différences frappantes et importantes entre l'homme et le singe (Klotz p. 352sv). Il faut en outre mentionner les différences génétiques entre l'homme et le singe. En comparant l'homme au singe, certains singes avec d'autres, avec des gorilles et des orangs-outangs, on peut conclure de toutes ces comparaisons qu'il existe des différences et des ressemblances chez tous.

---

[38] Schultz « The Specializations of Man and his place among the Catarrhine Primates » – Cold Spring Harbor Symposia on Quantitative Biology, XV 1950, p. 38.

▶ **La paléontologie humaine**

C'est en 1856 que les restes d'un squelette furent déterrés près de Düsseldorf. Le crâne avait une forme aplatie et des arcades sourcilières très développées. Ce squelette fut bientôt considéré comme un intermédiaire entre l'homme et le singe. Il fut appelé *l'homo neanderthalensis*. On a trouvé depuis, d'autres squelettes semblables. En 1890, le Dr Eugène Dubois découvrit à Java un bout de fémur et de crâne, ainsi que deux dents. La nouvelle découverte fut appelée *pithecanropus erectus*. On se hâta de faire un moulage complet de cet « individu », et on le représenta comme une sorte d'homme-singe velu au regard stupide. En 1927, Franz Weidenreich découvrit, près de Pékin, quelques morceaux qui avaient appartenu à 15 crânes. L'homme qui en résulta fut appelé le *sinanthropes pekinensis*. On fit un moulage complet de cet « ancêtre » de l'être humain.

On pensa aussi découvrir l'homme de Java et l'homme de Rhodésie, ayant tous deux des figures de gorilles mais possédant un cerveau aussi volumineux que celui de l'homme moderne. En 1924 on découvrit aussi des restes de squelettes en Afrique du Sud, qui ont été appelés les *australopithèques*.

Von Koenigswald trouva certains fossiles à Java, et cela est devenu le *meganthropus*; il trouva des dents en Chine, et cela est devenu le *giganthropus*. Cependant, les anthropologues ne sont pas d'accord sur la théorie que les grandes dents appartiennent nécessairement à de grands spécimens (voir Klotz pp. 361-363).

L'eohanthropus awsoni (Piltdown Man) fut découvert en 1912 en Grande-Bretagne. On considéra d'abord cette trouvaille comme très importante pour la science de la paléontologie. Aujourd'hui, les paléontologues ne sont pas du tout d'accord sur l'âge et le sexe de ces fossiles humains – certains pensent maintenant qu'il s'agit d'une farce.

Le Cro-Magnon. Les anthropologues estiment actuellement que ces restes d'hommes sont *homo sapiens*. Il s'agit de plusieurs crânes et de divers ossements découverts en France. La capacité crânienne du Cro-Magnon est de 1660 cm^3. Le front est large et assez haut.

On a classé toutes ces découvertes ainsi : les *Australopithèques* (4 millions d'années) ; *les pithécantopiens* (2 millions à 200 000 ans) ; *l'homo néandethalensis* (150 000 ans) ; *l'homo sapiens* (10 000 ans).

On a fait depuis un certain nombre de découvertes qui tendent à montrer que *l'homo sapiens* (l'homme moderne) existait déjà depuis les temps les plus reculés. Certains savants pensent maintenant que *l'homo sapiens* remonterait au *Pléistocène*. Un savant dit :

> « Au départ, il y a environ 700 000 ans, au début de l'ère glaciaire, *l'homo sapiens* était un type parmi d'autres… le temps que dura cette ère (650 000 ans) permit à *l'homo sapiens* d'éliminer toutes les brutes sans cervelle qui étaient ses rivaux. » (Enoch p. 124 citant Pears)

On a donc trouvé des ossements qui ont l'apparence d'ossements humains modernes (notamment à Calvaras, Amérique du Nord & Castinedolo, Italie). Des savants disent maintenant (Robinson, 1962 ; Mason 1962 ; Leakey 1961) que *l'australanthropinus* ne peut pas être considéré comme le plus vieil ancêtre de *l'homo sapiens*, car on a découvert des restes d'hommes à l'apparence beaucoup moins brute qui vivaient à la même époque et même avant (Enoch p. 125).

La découverte en 1959 de *l'homo habilis* par Louis Leakey fut une brèche importante dans certaines vieilles théories. Le 17 juillet 1972, la découverte par Richard Leakey du « Crâne 1470 » remit encore une fois en question la chronologie bien incertaine du genre *homo*. Il n'y a guère de différence entre le « Crâne 1470 » et le crâne de l'homme d'aujourd'hui… pourtant il aurait vécu plus d'un million d'années avant *l'homo erectus*, *l'homo habilis* et le *zinjanthrope*.[39]

Les découvertes les plus récentes s'opposent au transformisme (qui suppose que l'homme a graduellement évolué à partir du singe). On pense maintenant que l'espèce humaine a elle-même produit différentes lignes et catégories. Des savants pensent que l'on n'a pas découvert encore les restes des humains les plus anciens mais qu'ils ressembleraient plutôt à l'homme moderne. Le professeur Leakey

---
[39] « La Recherche » Octobre 1973, p. 906-907.

affirme que les découvertes modernes, y compris les siennes, vont révolutionner toutes les notions modernes d'anthropologie.[40]

▶ Conclusions quant aux fossiles « humains »

Les fossiles « humains » qui ont été trouvés ne sont pas si nombreux qu'on veut le faire croire. Ils présentent de nombreuses difficultés qui n'ont pas été résolues. Ils ne sont pas des preuves irréfutables de la théorie darwinienne de l'évolution de l'homme.

Certains savants classifient maintenant les fossiles sous des groupements plus généraux. Mayr pense que tous les fossiles qui ont été découverts doivent être classés dans le genre *homo*. L'homme de Java et de Pékin, selon lui, font partie d'une même espèce : *l'homo erectus*. Les différents fossiles d'Afrique du Sud (Australopithecus Africanus, Australopithecus Prometheus, Plesianthropus Robustus, Paranthropus Crassidens) seraient tous de la même famille : les *homo transvaalensis*. Tous les autres fossiles sont des *homo sapiens*.[41]

LA GÉNÉTIQUE

Deux facteurs peuvent influencer un organisme : un de ces facteurs peut être l'environnement ; un autre les transformations cellulaires. On sait maintenant que l'environnement ne peut pas affecter les cellules au point de causer des changements importants et permanents dans leur constitution. Il y a donc des situations exceptionnelles qui peuvent produire une transformation des cellules.

Nous avions mentionné qu'il faut faire une distinction entre le darwinisme (la théorie de l'évolution selon Darwin) et la théorie de l'évolution telle qu'elle est définie de nos jours. Les différences concernent les principes de sélection et de reproduction. Selon Darwin les organismes les mieux adaptés et supérieurs aux autres reproduisent toujours plus et prédominent nécessairement sur les autres. Cette idée est définie par J. Huxley dans son livre *Evolution*,

---

[40] « A New Critic of the Transformist Principle in Evolutionary Biology », p. 57, JJ Duyvene De Wit – Orange Univers.
[41] Ernst Mayr, *Taxonmic Categories in Fossil Hominids*, p. 116 – voir Klotz, p. 387.

the Modern Synthesis. La clé du darwinisme est le principe de la lutte pour l'existence. Selon Darwin certains organismes se modifient afin de gagner la bataille dans la survie des espèces. Certains organismes subissent donc des transformations, et celles-ci se transmettent par hérédité et sont toujours plus nombreuses. Au temps de Darwin il existait plusieurs «écoles» qui n'étaient pas d'accord sur ce point (Darwin, Weisman, Fisher, Haldane etc.). Comme l'avoue J. Huxley, les biologistes disent être darwiniens et utilisent le terme de «sélection naturelle» bien que Darwin était ignorant des principes mendéliens sur les mutations et bien que nous sachions à présent que la sélection est elle-même incapable de changer la constitution d'une espèce.[42]

La science moderne de la génétique a ses débuts avec Mendel, un contemporain de Darwin. Cette science nous a appris beaucoup de choses. Certaines variations et différences existent chez les espèces; mais Darwin était ignorant des raisons de ces variations. Il était ignorant des principes d'hérédité découverts par Gregor Mendel (1822-1884).

Mendel découvrit certains principes d'hérédité. Selon lui, ce sont les éléments mêmes des cellules reproductrices qui déterminent les caractéristiques d'une descendance. Il faut noter que Mendel lui-même n'a pas découvert par quels moyens s'opèrent les mécanismes qui peuvent transformer les gènes (nom donné à des unités définies localisées dans les chromosomes auxquelles sont liées le développement des caractéristiques héréditaires de l'individu).

Les chromosomes sont le support des facteurs héréditaires. Les chromosomes sont des corps protoplasmiques très spécialisés dans le noyau de la cellule, qui apparaissent au moment de la division de la cellule. Les chromosomes contiennent eux-mêmes les gènes qui jouent un rôle important sur l'hérédité.

▶ **Deux façons pour induire des mutations**

On peut induire des mutations au niveau des gènes (par des transformations chimiques dans les molécules des gènes). On

---
[42] J. Huxley, *Evolution, the Modern Synthesis*, p. 28.

peut aussi induire des mutations au moyen de changements chromosomiques (ce qui comprend l'addition ou la soustraction de parties de chromosomes ou de chromosomes entiers ou par un changement dans l'ordre des gènes). On a donc pu influencer des organismes en provoquant des changements au niveau des chromosomes ou des gènes (en utilisant par exemple des rayons X ou ultra-violets, par des variations de température, par certaines substances chimiques, etc.).

Par ce moyen beaucoup de scientifiques espéraient pouvoir produire de nouvelles espèces. Mais cela n'a jamais pu être réalisé. On n'a jamais pu créer ainsi de nouvelles espèces. On a simplement réalisé ce qu'on appelle une « polyploïde ».

La nature des formes *polyploïdes* est encore difficile à définir. Une polyploïde n'est pas une nouvelle espèce, mais c'est une même espèce dans laquelle le nombre de chromosomes a doublé ou triplé, etc. Les *polyploïdes* sont la répétition d'un phénomène naturel. Un grand nombre de plantes nouvelles sont simplement des polyploïdes. L'hybridation est un croisement d'espèces différentes (notez dans cette étude les remarques sur le mot « espèce » *min* employé en Genèse chapitre 1). Le sens de ce mot « espèce » est très vague, et l'on ne peut pas être trop affirmatif en l'employant. Les savants ne sont d'ailleurs pas toujours d'accord sur le sens moderne à donner au mot « espèce ».

Selon Emile Guyenot :

« Personne ne met en doute l'existence d'espèces animales et végétales ; nous ne possédons cependant ni critérium ni définition générale et satisfaisante de l'espèce. On entend parfois dire qu'une certaine espèce est une "bonne espèce" ou une "simple variété". John Ray (1685) décrivit 18 655 espèces de plantes dont Linné (1737) réduisit le nombre à 7 000. Dès le début se dessinèrent ainsi deux tendances qui marquent bien les difficultés de l'entreprise : les pulvérisateurs multiplient le nombre des espèces ; les réunisseurs rassemblent dans une même espèce plusieurs formes voisines qu'ils considèrent comme de simples variétés. »[43]

Tout dépend donc de quelle définition on donne au mot « espèce ». Par exemple, selon le Dr Nilsson les espèces constituent des unités suprêmes de la nature et qui demeurent invariables.[44]

On peut dire que 35 % des fleurs actuelles sont des polyploïdes. Cependant, les variations que l'on peut obtenir sont néanmoins limitées. Chez les polyploïdes il n'y a pas beaucoup de caractéristiques nouvelles. Pour ce qui est des animaux, les cas de polyploïdes sont très rares. De plus, au fur et à mesure que certaines plantes deviennent des polyploïdes, les variations et nouvelles caractéristiques disparaissent peu à peu.

▶ **La question des mutations**

Il y a « mutation » lors d'une variation soudaine d'un caractère héréditaire dans une espèce ou une lignée. Ceci est dû à un changement chromosomique ou à un changement dans le nombre ou la qualité des gènes.

Certains estiment que les mutations sont la meilleure preuve de la théorie de l'évolution. Cependant, les mutations constituent en fait une preuve de l'erreur de la théorie darwinienne de la sélection naturelle. En effet, c'est un fait reconnu que des mutations avantageuses sont rares. Si la théorie de la sélection naturelle était vraie, les mutations devraient généralement être bénéfiques. Le professeur Muller (Prix Nobel 1946) déclare que « la plupart des mutations sont mauvaises : en fait, les bonnes mutations sont si rares qu'on peut les considérer toutes comme généralement mauvaises » (Enoch p. 75).

Julian Huxley admettait que la plupart des mutations constituent une difficulté inexpliquée pour accepter l'évolution darwinienne des espèces (*Evolution, the Modern Synthesis*, p. 115). Le fait qu'un si grand nombre de mutations soient récessives par rapport à la forme normale,

---

[43] Emile Guyénot, *L'Origine des espèces*, p. 93, Que Sais-je ? Presses Universitaires de France.
[44] H. Nilsson, *Synthetische Arbuilding*, CWK Gleerup 1953, p. 1176

qu'elles soient souvent moins résistantes et moins fertiles, va contre le principe d'une sélection naturelle par le moyen des mutations.

Ainsi, les progrès de la génétique ont prouvé en partie l'erreur de la théorie des caractères acquis (théorie qui veut que de changements dans les cellules des organismes provoquent des changements dans les cellules reproductrices). Mayr affirme donc (en 1963) qu'il est impossible de bâtir un principe d'évolution sur les mutations (Enoch p. 83). Ces constatations de la science vont dans le sens des Écritures (voir Genèse 1.11, 12, 24).

LES RAMIFICATIONS MORALES ET SOCIALES DE LA THÉORIE DARWINIENNE

Certains chrétiens croient en l'évolution darwinienne. Le récit de la création de l'homme et de la femme constitue à leurs yeux une fable désuète qui était bonne seulement pour des ancêtres ayant une «plus petite capacité crânienne». On se sent fier de pouvoir déclarer que la science moderne a pu «éclairer» le sens des paroles «incompréhensibles» qu'on trouve dans le récit de la création en Genèse. Une des raisons pour lesquelles ils acceptent si aisément cette théorie est qu'ils n'en réalisent pas toujours la portée spirituelle, sociale et morale.

Selon l'évolution vue par Darwin, l'être humain est fondamentalement un animal qui acquit peu à peu des caractères humains. Mais la Bible montre que c'est un homme puis une femme que Dieu créa, et qu'ils furent tous deux créés à l'image du Créateur. La théorie de Darwin enseigne un progrès constant de l'homme au cours des siècles (matériel, peut-être, mais pas nécessairement spirituel ou moral). La Bible enseigne, au contraire, que l'homme se détériore peu à peu depuis le jardin d'Eden.

La doctrine de l'évolution selon Darwin donne lieu à une exaltation de l'individu (qui aurait réussi à dominer les autres créatures par son intelligence supérieure) et constitue un encouragement à l'égoïsme, à l'athéisme et à la violence. Cette doctrine produit des systèmes totalitaires tels que le communisme.

Tout système philosophique ou politique qui se base sur le principe d'une « sélection naturelle » (la raison du plus fort) agit contrairement aux directives divines. C'est cette façon de voir qui forma la base de la « morale » de Nietzsche (par sa volonté et sa puissance l'homme peut s'élever au « surhomme »). Ainsi, la guerre est justifiée, car elle serait une « nécessité biologique ».[45] Pour Nietzsche (*Ainsi parlait Zarathoustra*) « les hommes sont préparés pour la guerre et les femmes sont là pour les divertir… tout le reste n'est que folie… ». Pour Hitler « la nature est une lutte continuelle des forts contre les faibles – une victoire éternelle sur les faibles ».[46]

L'IMPORTANCE DU DÉLUGE

La Bible enseigne que le déluge fut universel et non localisé à une seule région du globe. Voici ce que nous révèle le texte biblique quant au déluge.

▶ Les montagnes furent recouvertes

Voyez Gen. 7.19, 20. Si même une seule montagne avait été couverte d'eau, cela aurait suffi pour qu'il y ait un déluge universel. Le texte hébreu souligne l'universalité du déluge en répétant le mot *kol*, « tout » (« Toutes les hautes montagnes… sous le ciel entier »). L'eau dépassa les montagnes de 15 coudées (la coudée est la longueur allant du coude jusqu'à l'extrémité du majeur). Les eaux demeurèrent aussi hautes pendant 150 jours (Gen. 7.24).

▶ La durée du séjour dans l'arche

Nous pouvons calculer la durée totale du déluge en comparant 7.11 avec 8.14. En 7.11 nous avons la date du début du déluge. En 8.14, la terre fut tout à fait sèche à la date donnée. Entre ces deux dates, il y a un an et 10 jours, soit 375 jours. Nous pouvons aussi noter les différentes étapes du déluge :

---

[45] Bernhardi, *L'Allemagne et la prochaine guerre*, p. 23 – 1914.
[46] *Hitler's Words* – Ed. Gordon W. Prange, p. 3 – 1944.

- L'eau tomba pendant 40 jours (7.17 ; 7.4).   **40 jours**
- L'eau demeura pendant 150 jours (7.24).   **150 jours**
- Au bout de 150 jours, l'eau commença à se retirer (8.3). L'eau commença à se retirer à partir du 7ᵉ mois, le 17ᵉ jour du mois, et alla en diminuant jusqu'au 10ᵉ mois, le 1ᵉʳ jour du mois (c'est alors que les sommets des montagnes apparurent) – tout cela fait environ 74 jours.   **74 jours**
- Au bout de 41 jours, Noé lâcha un corbeau.   **40 jours**
- Noé lâcha aussi une colombe qui revint à l'arche.   **7 jours**
- Au bout de 7 jours, il lâcha encore la colombe.   **7 jours**
- Noé lâcha la colombe une troisième fois au bout de 7 jours.   **Total : 318 jours**

Nous nous trouvons donc avec 57 jours de différence (375 - 318 = 57). C'est précisément le temps qu'il y a entre le 1ᵉʳ jour du 1ᵉʳ mois et le 27ᵉ jour du 2ᵉ mois (30 + 27 = 57) ; voyez Gen. 8.13, 14.

Le texte biblique révèle que **le déluge dura plus d'une année**. On comprendra qu'une telle durée montre son universalité et sa portée. Notez aussi 8.3, 4 : les eaux se retirèrent pendant 74 jours avant qu'on voie le sommet des montagnes.

▶ « Les sources du grand abîme... » (7.11)

« Toutes les sources du grand abîme jaillirent, et les écluses des cieux s'ouvrirent » (7.11). Comparez le premier élément de ce verset avec Gen. 1.2-10. Le mot « abîme » (*tekom*) peut avoir plusieurs sens dont celui d'eaux souterraines ou océans. Toutes ces eaux souterraines et ces océans ont contribué au déluge du globe terrestre. Les sources du grand abîme jaillirent pendant 5 mois. Ce fut seulement après les 150 jours que les « sources de l'abîme furent fermées » (Gen. 8.2).

▶ Les dimensions de l'arche

« L'arche aura trois cents coudées de longueur, cinquante coudées de largeur et trente coudées de hauteur ». (Gen. 6.15). Une coudée est égale à environ 50 cm L'arche mesurait donc 150 m de long, 25 m de large et 15 m de hauteur. L'arche avait aussi trois ponts. La dimension de l'arche serait donc celle d'un gros paquebot… Un bateau d'une telle taille montre aussi que le déluge n'était pas seulement une inondation locale.

▶ Le besoin d'une arche

Si le déluge n'avait été qu'une inondation locale, quel besoin y aurait-il eu de construire une telle arche ? Ne serait-il pas absurde de travailler pendant un siècle à une arche qui, en fin de compte, n'était pas nécessaire ? Il aurait suffi que Noé quitte la région, et il aurait ainsi évité le déluge. Il en est de même pour les animaux qu'il fallut nourrir et soigner pendant plus d'un an dans une arche.

L'histoire du déluge devient absurde si le déluge n'était qu'une inondation locale. Certains pensent que Noé ne devait sauver que des animaux domestiques, mais voyez : Gen. 6.17, 12, 13, 19, 21 ; 7.2-4, 8, 14-16 ; 8.1, 17-19 ; 9.8-17. Et surtout :

> « Tout ce qui se mouvait sur la terre périt, tant les oiseaux que le bétail et les animaux, tout ce qui rampait sur la terre, et tous les hommes. Tout ce qui avait respiration, souffle de vie dans ses narines, et qui était sur la terre sèche mourut. Tous les êtres qui étaient sur la face de la terre furent exterminés, depuis l'homme jusqu'au bétail, aux reptiles et oiseaux du ciel, ils furent exterminés de la terre. Il ne resta que Noé, et ce qui était avec lui dans l'arche. » (Gen. 7.21-23)

Voyez la raison donnée pour laquelle Noé rassembla les animaux : « Afin de conserver leur race en vie sur la face de toute la terre » (7.3).

▶ Le témoignage de l'apôtre Pierre : 2 Pierre 3.3-7

Comme au temps de Pierre certains critiques pensent que tout ce que nous voyons a toujours été et sera à jamais : «Tout demeure comme dès le commencement de la création.» Pierre s'oppose à cette façon de voir en citant le déluge pendant lequel «le monde d'alors fut submergé par l'eau». Ce fut toute la terre, le monde que nous connaissons, qui subit le déluge. Quelle force aurait l'argument de Pierre si le déluge n'était qu'une inondation locale ? Tout le monde sait qu'il y a des inondations en certains points du globe.

▶ La destruction totale du genre humain

La Bible rapporte que tout le genre humain périt dans le déluge et que les êtres humains étaient dispersés sur toute la terre à l'époque du déluge. Les critiques sont de l'opinion que c'est tout le genre humain qui fut détruit dans le déluge (voyez Gen. 6.5-7 ; 6.11-13). De toute l'espèce humaine, seul Noé et les siens échappèrent au déluge : 6.8, 9, 17, 18 ; 7.1, 22, 23 ; 8.1 (notez aussi les paroles de Jésus en Luc 17.26-30). Il est tout à fait concevable que les êtres humains aient été déjà dispersés sur toute la terre à l'époque du déluge (voir Gen. 1.28 ; 6.1).

Ceux qui pensent que le déluge n'était qu'une inondation locale pensent aussi qu'à cette époque l'espèce humaine n'était pas étendue au-delà de la Mésopotamie. Pourtant, même la paléontologie témoigne du contraire. La longévité de la vie des hommes qui vivaient avant le déluge témoigne de la possibilité pour eux de s'être dispersés sur la terre.

▶ Un monde corrompu

Il y avait une raison morale au déluge et elle est exprimée dans les Écritures de façon à nous faire comprendre que la destruction du genre humain devait être totale : «J'exterminerai de la face de la terre l'homme que j'ai créé...» (Gen. 6.7). Voyez aussi Gen. 6.11-13. L'impression qui se dégage de ces versets est que la corruption et le péché étaient universellement répandus sur la surface de la terre. Ainsi, Dieu voulut détruire l'espèce humaine à l'exception de Noé et les siens. Les Écritures insistent donc sur le fait que Noé et les siens furent les seuls à avoir échappé au déluge (Genèse 6.8, 9, 17, 18 ; 7.1, 22, 23 ; 8.1). Voyez aussi 1 Pierre 3.20 et 2 Pierre 2.5. À cet égard, le jugement de Dieu à l'encontre de certaines populations, telles que celles du temps de Noé ou du temps des Cananéens, devint nécessaire en raison d'une corruption à laquelle il fallait mettre fin. On ne doit pas imaginer que Dieu agissait d'une manière arbitraire lorsqu'il exerçait de tels jugements (voir Deutéronome 20.16-18 ainsi que Lévitique 18.30 ; Deut. 12.30 ; 18.9). Les Amoréens étaient déjà moralement corrompus au temps d'Abraham, cinq cents ans avant la conquête de Canaan (Genèse 15.16).

Notons que Noé est représenté dans les Écritures comme un homme unique (Gen. 5.29 ; 6.8, 9, 18 ; 7.1 ; 9.1 ; Ézé. 14.14, 20 ; Héb. 11.7 ; 2 Pi. 2.5). Les Écritures décrivent la corruption au temps de Noé comme ayant été universelle (Gen. 6.1-6, 11-13 ; Luc 17.26, 27 ; 1 Pi. 3.20 ; 2 Pi. 2.5 ; Jude 14, 15). Le déluge fut donc envoyé par Dieu afin de châtier un monde totalement corrompu.

Jésus se réfère à la création d'Adam et Ève (Mat. 19.4), la destruction de Sodome et Gomorrhe (Luc 17.29), l'histoire de la femme de Lot changée en statue de sel (Luc 17.32), l'histoire de Jonas (Mat. 12.40), la repentance des habitants de Ninive (Luc 11.32), le récit biblique du déluge (Luc 17.26-30 ; Mat. 24.39). Notez surtout : « Le déluge vint et il les fit tous périr » (Luc 17.27). La même chose est dite à propos de la destruction de Sodome (Luc 17.28,29).

▶ **L'alliance de Dieu avec Noé après le déluge**

La Bible atteste que « toute la terre » et « tous les êtres vivants » furent détruits par le déluge (Gen. 8.21 ; 9.11, 15 ; cf. Ésa. 54.9). Si la promesse de Dieu en Gen. 9.11 est une référence à un déluge local, Dieu aurait déjà maintes et maintes fois brisé sa promesse… car des déluges locaux ont bien eu lieu sur la terre depuis les jours de Noé.

CONCLUSION

L'homme et la femme furent créés à l'image de Dieu. L'être humain des origines était supérieur à l'homme d'aujourd'hui du point de vue moral, spirituel et intellectuel. Il fut créé, dès le départ, avec toutes les merveilleuses capacités que Dieu a désiré lui donner. L'homme pécha : son corps, sa moralité et son intellect en subirent les conséquences (d'où l'homme de Neandertal ?).

L'homme ne fut pas dans l'obligation « d'éliminer ses rivaux », car lors du déluge tous les hominidés périrent, et l'on ne trouve plus que des fossiles de ces ancêtres de l'homme d'aujourd'hui.

CHAPITRE 5

LA BIBLE ET LA SANTÉ

*« Un cœur joyeux est un excellent remède
Mais l'esprit déprimé mine la santé. »*
Proverbes 17.22

Le texte biblique est très en avance sur son temps du point de vue médical. Nous en donnons quelques exemples dans ce chapitre.

LA SEXUALITÉ ET L'IMMORALITÉ

Le texte biblique souligne l'influence néfaste de l'immoralité sexuelle sur la condition physique et mentale des êtres humains. Kinsey avec ses statistiques tordues et fausses a fait beaucoup de mal à beaucoup d'hommes et de femmes. Kinsey interrogea 5 940 femmes sur leur vie privée et en conclut que de ne pas avoir de relations sexuelles avant le mariage ou en dehors du mariage pouvait provoquer de graves troubles mentaux et physiques.

L'erreur des conclusions de Kinsey a été maintes et maintes fois démontrée et souligne la justesse des commandements bibliques qui touchent les relations sexuelles.[1] Kinsey (qui n'était pas un médecin mais un zoologue) pensait qu'il n'y a pas de différence entre un cochon et une femme, que les problèmes sexuels sont les mêmes chez l'homme et l'animal. De nombreuses expériences ont démontré l'erreur de cette façon de voir. Beaucoup de médecins et de savants se sont opposés aux conclusions du zoologue « qui n'est pas resté dans sa branche » :

---

[1] Lév. 20.13 ; Ex. 20.14 ; Job 31.1 ; Prov. 6.32 ; Rom 1.26, 27 ; 1 Cor. 6.18 ; Hébreux 13.4 ; 1 Thess. 4.3-5 ; Mat. 5.28 ; 1 Cor. 10.13.

« L'acte sexuel sain comporte des phénomènes psychologiques très complexes. Cela dépend de l'union spirituelle d'une personnalité avec une autre. L'impulsion sexuelle chez les êtres humains est liée aux émotions les plus profondes… l'amour ne peut pas se mesurer sur une machine IBM. »[2]

Kinsey se trompait complètement quand il affirmait que les gens ayant des rapports sexuels avant le mariage ou en dehors du mariage réussissent mieux leur mariage. Bien des médecins qui s'occupent des êtres humains plutôt que des animaux ne sont pas d'accord avec les conclusions de Kinsey sur ce point :

« Un tel conseil (avoir des relations sexuelles avant le mariage ou en dehors du mariage) est scientifiquement sans valeur. Les expériences montrent que ce sont les femmes névrosées qui tiennent à des rapports sexuels avant le mariage et que celles qui s'en abstiennent sont émotionnellement plus saines. » (op. cita p. 168)

Kinsey est ainsi considéré à juste titre par le monde médical comme un amateur :

« Kinsey a discuté de problèmes médicaux sans avoir l'expérience, la connaissance médicale et clinique suffisantes… il n'a pas tenu compte des aspects psychologiques dans le comportement sexuel. »[3]

Deux célèbres psychanalystes reconnaissent que ce ne sont pas ceux qui ont une liberté sexuelle totale qui sont les plus équilibrés… au contraire.[4]

Les problèmes provoqués par des relations sexuelles avant le mariage ou en dehors du mariage sont bien plus complexes et difficiles à résoudre que ceux qui seraient provoqués par un manque de rapports sexuels. Un médecin a écrit ceci : « Les vrais ennemis de la réussite sexuelle de l'homme sont ceux qui voudraient le séparer de son foyer, de sa famille et des critères bibliques. »[5]

---

[2] *Journal of the American Medical Association* – Jan. 9, 1954, p. 168.
[3] *Journal of the American Medical Association* – April 17, 1954, p. 1396.
[4] Maurice Zolotau, *Love Is Not a Statistic,* Reader's Digest – Avril 1954.
[5] McMillen MD, *None of These Diseases*, p. 51.

La médecine confirme que c'est pour notre bien et pour le bien de la société que Dieu a établi certains paramètres pour l'activité sexuelle :

> « Mais au commencement de la création, Dieu fit l'homme et la femme ; c'est pourquoi l'homme quittera son père et sa mère, et s'attachera à sa femme, et les deux deviendront une seule chair. Ainsi ils ne sont plus deux, mais ils sont une seule chair. Que l'homme donc ne sépare pas ce que Dieu a joint. » (Marc 10.6-9)

Kinsey se trompait lorsqu'il affirmait que l'échec de la plupart des mariages venait du fait que les couples n'avaient pas d'expérience sexuelle avant le mariage. Ceci est un mensonge et contredit les faits. On sait que ce qui provoque des mariages ratés, c'est une vie en commun dénuée de tout amour et de tout respect mutuel. C'est aussi ce manque d'amour et de respect qui empêche l'épanouissement sexuel. C'est ce qu'affirme un médecin :

> « Il y a un nombre incalculable de mariages malheureux sans satisfaction sexuelle parce que les couples ne connaissent pas la différence entre l'amour et la sexualité. » (McMillen, *None of These Diseases*, p. 54)

L'amour qui permet un mariage réussi et un épanouissement sexuel normal est celui-ci :

> « La charité [l'amour] est patiente, elle est pleine de bonté ; la charité n'est point envieuse ; la charité ne se vante point, elle ne s'enfle pas d'orgueil, elle ne fait rien de malhonnête, elle ne cherche point son intérêt, elle ne s'irrite point, elle ne soupçonne point le mal… elle excuse tout, elle croit tout, elle espère tout, elle supporte tout. » (1 Cor. 13.4-7)

L'amour qui permet un mariage réussi est celui qui est partagé et qui s'harmonise avec la volonté divine : « Que chacun de vous aime sa femme comme lui-même, et que la femme respecte son mari » (Éph. 5.29sv). Les conjoints ont certains devoirs, et la question sexuelle entre dans ces devoirs. C'est cet amour qu'il faut enseigner aux enfants, ainsi qu'un amour pour la Parole de Dieu et pour le prochain… et non pas des fadaises sur le rapport Kinsey et « l'éducation » sexuelle.

Un homme et une femme normalement constitués et psychologiquement équilibrés sont faits pour s'épanouir sexuellement selon leurs besoins (qui diffèrent chez chacun). Ce n'est donc pas tant de cette question dont il faut se préoccuper, mais plutôt de la question de la disposition du cœur, de l'amour et du respect mutuel de l'homme pour la femme et de la femme pour l'homme.

Certes, il existe des problèmes sexuels, mais ils ont la plupart du temps été créés par le monde moderne et la philosophie qui fait de nous des animaux ainsi que le manque de respect pour le prochain et pour Dieu. Ne nous laissons pas prendre à ce piège et au mensonge qui veut que chacun soit libre d'agir comme bon lui semble.

L'amour constructif entre un homme et une la femme est préconisé par Dieu et constitue un besoin permanent et durable qui a même une répercussion sur notre vie spirituelle. On perd goût aux rapports sexuels lorsque cet amour n'est pas présent. Il faut enseigner l'amour qui veut donner plutôt que recevoir :

> « Le succès d'un mariage dépendra beaucoup de maturité des partenaires, s'ils ont dépassé le stade de la dépendance infantile et sont devenus des êtres responsables, qui désirent donner plutôt que recevoir. »[6]

La satisfaction sexuelle varie avec chaque individu et chaque couple :

> « Il existe beaucoup de femmes qui sont émotionnellement et physiquement normales, qui aiment leur mari avec dévotion, qui ont des enfants mais qui, pourtant, n'ont jamais eu une grande satisfaction par les rapports sexuels. Elles ne se sentent ni frustrées ni lésées. »[7]

---

[6] *Sex in Modern Life* – « Current Medical Digest », Sept. 1961, p. 55.
[7] Paul H. Landis, *Don't Expect Too Much of Sex in Marriage*, Reader's Digest Déc. 1954 – pp. 26-27.

L'amour qui satisfait l'homme complètement n'est pas uniquement ou simplement l'amour physique, c'est l'amour qui vient remplir son cœur lorsque celui-ci reçoit le Saint-Esprit (Rom. 5.5).

LES RECHERCHES DE J.D. UNWIN

Ethnologue et anthropologue enseignant à Oxford et Cambridge, J.D. Unwin (1895-1936) étudia de près l'histoire de quatre-vingts tribus primitives et de six civilisations au long d'une période de 5 000 ans. Ses recherches démontrèrent une corrélation entre les réalisations et le degré de civilisation de ces peuplades et leur comportement sexuel. Selon Aldous Huxley (auteur du livre *Le meilleur des mondes*), les recherches de Unwin décrites dans son livre « Sex and Culture » (1934) doivent être considérées comme étant « de la plus haute importance ».

Unwin démontra entre autres l'importance de la monogamie en disant :

> « Il n'existe pas un seul exemple dans l'histoire de l'humanité d'un groupe humain qui soit civilisé sans que ce groupe adopte la monogamie dans son rapport au mariage. On ne trouve pas non plus d'exemple d'un groupe humain qui puisse maintenir sa culture tout en abandonnant des règles strictes quant au comportement sexuel. »

Unwin démontra qu'une société qui connaît la prospérité tend à devenir de plus en plus libre sur le plan du comportement moral et sexuel, ce qui aboutit à une désintégration progressive de cette société. Selon Unwin les conséquences de ce processus sont irréversibles. D'autre part, Unwin a découvert que l'égalité des femmes et des hommes devant la loi était indispensable pour maintenir la monogamie (Unwin ne confond pas cette égalité devant la loi avec le rôle social des hommes et des femmes qui peut varier).[8]

---

[8] https://en.m.wikipedia.org/wiki/J._D._Unwin. Le 15/02/18.

LES MALADIES PSYCHOSOMATIQUES

Les maladies *psychosomatiques* sont causées par l'état mental (*psychè* = la pensée ; *soma* = le corps). La pensée a un pouvoir sur le corps et peut provoquer certaines maladies et en guérir d'autres. Déjà en 1948 aux USA on constatait que deux tiers des patients manifestaient des troubles physiques provoqués par leur état mental.[9]

Le stress, certaines émotions et certaines pensées néfastes peuvent provoquer des troubles cardiaques, intestinaux, circulatoires, etc. Quand on étudie le système neuro-végétatif, sa relation au cerveau et aux organes, on comprend aisément pourquoi la pensée peut influencer la condition physique. La pensée a un effet sur trois aspects de la vie physique :

1. La circulation du sang
2. Les sécrétions glandulaires
3. Les tensions musculaires

On a un bon exemple du premier cas lorsque quelqu'un rougit de timidité, de colère ou de culpabilité. Pour quelqu'un qui doit parler en public pour la première fois, le problème des sécrétions glandulaires n'est pas un mystère. Nous avons d'autres exemples : une trop grande accélération d'adrénaline peut provoquer des troubles de la circulation et du système circulatoire en général.

La peur et l'angoisse peuvent provoquer une tension musculaire. Beaucoup de personnes anxieuses souffrent de maux de tête qui proviennent des tensions musculaires dans le cou. Les muscles (involontaires) intestinaux peuvent être affectés de la même manière. L'anxiété peut avoir plus d'effets sur le fonctionnement du cœur que n'importe quel autre phénomène (exercices physiques, etc.). L'anxiété et la peur sont à l'origine de nombreux cas d'ulcères ainsi que de troubles de la digestion et de la circulation.

---

[9] *Journal of the American Medical Association*, May 29, 1948.

Un célèbre médecin a écrit :

« L'acceptation sincère des principes et des enseignements de Christ, qui présentent une vie mentale qui se développe dans la paix et la joie, et qui présentent une vie qui n'est pas centrée sur soi, et qui est caractérisée par la pureté, pourrait éliminer immédiatement plus de la moitié des difficultés, des soucis et des maladies de la race humaine. »[10]

Ce n'est pas seulement pour la vie dans *l'au-delà* que Dieu donne certains commandements sur la façon de vivre ici-bas. Dieu nous donne des commandements pour notre bonheur sur cette terre. De nombreux maux physiques et psychiques sont souvent induits par la jalousie, l'envie, l'égoïsme, l'ambition, la frustration, la rage et la haine.

La Parole de Dieu nous enseigne comment vivre :

« La charité est patiente, elle est pleine de bonté ; la charité n'est point envieuse ; la charité ne se vante point, elle ne s'enfle point d'orgueil, elle ne fait rien de malhonnête, elle ne cherche point son intérêt, elle ne s'irrite point, elle ne soupçonne point le mal, elle ne se réjouit pas de l'injustice, mais elle se réjouit de la vérité ; elle excuse tout, elle croit tout, elle espère tout, elle supporte tout. » (1 Cor. 13.4-7)

L'amour de Dieu et du prochain peut faire éviter à l'homme beaucoup de maux psychiques et physiques.

S'il est vrai que la pensée a un effet sur le corps, le corps peut aussi avoir un effet sur la pensée. Si nous agissons avec amour, nous parvenons à aimer. Voici comment nous devons agir :

« Aimez vos ennemis, bénissez ceux qui vous maudissent, faites du bien à ceux qui vous haïssent, et priez pour ceux qui vous maltraitent et qui vous persécutent. » (Mat. 5.44)

Celui qui hait est un esclave ; celui qui aime est un maître. Celui qui est soucieux de sa condition matérielle (soucieux dans le sens que ce souci passe avant Dieu et l'observation de Ses commandements)

---
[10] Dr W. Sadler, *Practice of Psychiatry*, p. 1000

est un esclave ; celui qui applique à lui-même ce conseil est maître : « Rendez grâces en toutes choses, car c'est à votre égard la volonté de Dieu en Jésus-Christ » (1 Thes. 5.18).

Il n'y a pas de meilleur moyen de guérir l'anxiété et l'angoisse que celui-ci :

> « Ne vous inquiétez de rien ; mais en toutes choses, faites connaître vos besoins à Dieu par des prières et des supplications, avec des actions de grâces. Et la paix de Dieu, qui surpasse toute intelligence, gardera vos cœurs et vos pensées en Jésus-Christ. » (Phil. 4.6, 7)

LES ABUS ET LA DÉPENDANCE

Un chrétien qui est esclave de quelque chose (la nourriture, la boisson, la cigarette, etc.) est un chrétien qui est moins capable de résister à la tentation par l'exercice de sa volonté. Le chrétien doit éduquer et subjuguer sa volonté ; s'il est dominé par quelque chose, c'est un signe que sa volonté est encore bien faible. Dans ces conditions, le chrétien est d'autant plus vulnérable aux attaques de Satan. Voir Ps. 16.10, 11 ; 3-7.

Le chrétien ne peut pas se payer le luxe d'être dominé par les mêmes angoisses et les mêmes faiblesses que le monde : la peur de la mort (Jean 11.25, 26) ; l'ambition (Rom. 12.3) ; la compétition (Rom. 12.9, 10, 16 ; Jac. 3.1 ; Phil. 2.2, 3 ; Mat. 23.12). Adler, Freud et Jung pensent aussi que ce sont les luttes intérieures qui sont grandement responsables de notre condition extérieure (voyez aussi : Rom. 7.25 ; 8.3, 4, 10, 13 ; Gal. 5.24). Voyez Jean 6.33 : le meilleur remède est toujours Jésus et la certitude qu'Il vit et ne nous abandonne pas.

AUTRES ASPECTS MÉDICAUX DE LA BIBLE

▶ 1. Le diagnostic de la lèpre : Lév. 13, 14

Le docteur Hansen a découvert en 1873 le bacille de la maladie que l'on appelle lèpre aujourd'hui. Le texte biblique de l'Ancien Testament souligne l'importance du diagnostic précoce et de la prévention de cette affection. Les textes insistent sur l'importance du diagnostic précoce et de la prévention de cette affection. Ces lois permettaient un contrôle effectif des maladies à une époque où les diagnostics étaient établis par des prêtres.

▶ 2. L'hygiène et les excréments : Deutéronome 23.12, 13

Les règles sur l'hygiène et les excréments ne sont qu'un exemple parmi d'autres montrant la précision des lois sanitaires de la Bible. Ces règles remontent à plus de trois mille ans alors qu'à l'époque on ne possédait pas les connaissances scientifiques et la technologie nécessaires à leur démonstration. D'autres règles similaires concernent la propreté, les méthodes de quarantaine et les règles de traitement des ordures énoncées dans les livres du Lévitique, des Nombres et du Deutéronome.

▶ 3. La circoncision : Gen. 17.12

Selon les recherches actuelles, les bienfaits de la circoncision seraient 100 fois supérieurs aux risques. Le professeur Brian Morris (Mayo Clinic Proceedings) considère que la circoncision « devrait avoir le même statut que la vaccination » et permet de prévenir les infections urinaires ainsi que de réduire les infections sexuellement transmissibles.

▶ 4. La psychologie, la culpabilité et la foi : Rom. 8.1 ; Jn. 1.9 ; Mat. 11.28, 29

La santé mentale est étroitement liée au mode de vie ainsi qu'à la santé spirituelle qui se manifeste par l'amour, la foi et l'espérance (1 Corinthiens 13.13). La Bible nous met en garde contre les effets du culte du « moi » et de la recherche effrénée de notre propre satisfaction plutôt que la gloire de Dieu (Dr Robert Fulgate, *Psycho-Heresy : Christianizing Pagan Psychologies*. Thy Word Is Truth, 2014).

▶ 5. L'alcoolisme : Proverbes 23.19-21, 31-35 ; 1 Cor. 5.11 ; 6.10 ; Éph. 5.18

La Bible présente de nombreuses mises en garde concernant l'ivrognerie et les boissons alcoolisées. La Bible présente l'ivrognerie comme une forme d'esclavage mental. La médecine reconnaît aussi que l'alcoolisme a des incidences nombreuses sur l'état de santé d'un individu : cancers, maladies cardiovasculaires et digestives, maladies du système nerveux et troubles psychiques. L'alcool peut également être à l'origine de difficultés plus banales (fatigue, tension artérielle trop élevée, troubles du sommeil, problèmes de mémoire ou de concentration, etc.).

- ▶ 6. **L'esclavage des cigarettes, drogues, jeux de hasard, etc. :** 1 Cor. 6.12 ; 1 Cor. 6.19, 20 ; 3.17 ; 10.31

La Bible ne parle pas de la dépendance psychologique et physiologique de la cigarette et des drogues. Toutefois la Bible enseigne l'importance de la « maîtrise de soi » et le refus d'être asservi à quoi que ce soit, enseignement qui peut s'appliquer à toutes sortes de pratiques et de dépendances actuelles allant de la télévision aux drogues. Le fait est que près d'un fumeur sur deux ne parvient pas à s'arrêter, tout en sachant que le tabagisme est la première cause de mortalité évitable en France. Selon l'Institut fédératif des addictions comportementales (Ifac), près de 6 % des consommateurs ne peuvent s'empêcher de s'endetter pour acquérir, accumuler des objets dont ils n'ont nul besoin.

CONCLUSION

L'Ancien Testament comporte tout un enseignement applicable de nos jours et qui touche à notre santé. La médecine moderne ne cesse de confirmer l'exactitude et la précision de cet enseignement. Il faut ajouter qu'un aspect essentiel de cet enseignement est son côté préventif – aspect que la médecine moderne met de plus en plus en avant (dans certains contextes la Sécurité sociale en France rembourse des séances de sport prescrites par un médecin à titre préventif). Être attentif aux principes bibliques qui touchent à la santé est une forme de sagesse. L'inquiétude et le stress nuisent à la santé, mais « une bonne parole le réjouit » (Proverbes 12.25).

CHAPITRE 6

LA BIBLE ET L'ARCHÉOLOGIE

« Ézéchias fit ce qui plaît au Seigneur, tout comme son ancêtre David. »
2 Rois 18.3

« Sur le mont Ébal, Josué fit un autel pour le Seigneur Dieu d'Israël. Il le construisit selon les instructions que Moïse le serviteur du Seigneur avait données aux Israélites… un autel en pierres brutes, non taillées avec un outil de fer. »
Josué 8.30, 31

L'archéologie est une science des choses anciennes. Elle est une source de vérification et d'information qui confirme l'authenticité et l'historicité de la Bible. L'archéologie biblique s'efforce de comprendre l'histoire, la vie, les coutumes des Israélites et des autres peuples avec qui ils furent en contact. Parmi ces peuples, ceux qui nous ont fourni le plus de renseignements sont l'Égypte, Moab, Édom, Ammon, la Syrie, Canaan, l'Assyrie, Babylone, la Perse, la Grèce, le monde romain.

Les sources d'information de l'archéologie biblique sont principalement :

1. Les documents écrits (sur du métal, de la pierre, du papyrus, du parchemin, du bois, etc.).
2. Les constructions et monuments ainsi que les objets.

Dans cette dernière catégorie, on classe les anciennes villes qui ont été enfouies et sur lesquelles on a reconstruit d'autres villes (Béthel, Jéricho, Aï, Samarie, Jérusalem, Megiddo, Debir, Hatsor, etc.). Les tombes sont aussi une source d'information (les tombes royales d'Our en Chaldée ; la tombe du pharaon Toutankhamon, etc.). Les objets que l'on trouve dans les tombes sont généralement mieux conservés.

Dans la mesure du possible l'archéologie s'efforce de comparer les différentes découvertes. Les archéologues tiennent compte aussi de certains documents écrits (comme par exemple la Bible) qui leur indiquent où il faut faire les recherches.

Pour les recherches on doit obtenir l'autorisation du gouvernement intéressé, et il faut louer ou acheter le terrain où l'on désire faire les fouilles. On divise la surface à fouiller en petits carrés de quelques mètres de côté. On procède ainsi d'une façon systématique aux fouilles. On répartit les découvertes selon la profondeur où elles ont été faites. Dans un *tell* les découvertes les plus profondes sont les découvertes les plus anciennes. Les archéologues font aussi des photographies et des plans.

L'archéologie biblique est une science relativement récente. Avant le début du 19e siècle, on savait très peu de choses sur les temps bibliques (exception faite de ce qu'on pouvait lire dans les Écritures). C'est Napoléon qui commença à provoquer l'intérêt dans l'archéologie lorsqu'il fit ses expéditions dans la vallée du Nil (1798). L'archéologie permet d'illustrer et de confirmer l'histoire biblique.

Les trésors d'Assyrie et de Babylone ne furent mis en lumière qu'à partir de la seconde moitié du 19e siècle (Paul-Émile Botta ; Henry Layard ; H.C. Rawlinson, etc.). Les documents égyptiens et babyloniens purent être déchiffrés grâce à la découverte de la *Pierre de Rosette* (qui permit, en outre, de comprendre les hiéroglyphes) et de la *Behistun* (qui permit de comprendre l'écriture cunéiforme) ; la découverte en 1868 de la pierre moabite provoqua une grande sensation.

Parmi les découvertes les plus étonnantes on peut nommer le Code d'Hammourabi (1901), le papyrus d'Éléphantine (1903), les monuments de Bog-Haz-Koi (1906), les textes de Ras Shamra (1929-1937) et les manuscrits de la mer Morte (1947).

L'archéologie a montré que les descriptions d'Abraham, d'Isaac et de Jacob ainsi que leur manière de vivre sont authentiques ; que Moïse avait le choix entre plusieurs langues : les hiéroglyphes, l'akkadien (les textes de Tell Asmara datent du 14ᵉ siècle av. J.-C.), l'hébreu ancien (découvertes de Ras Shamra et de la littérature Ougarit, 1929-1937).

Certains lieux ne sont mentionnés que dans les Écritures. L'archéologie a permis de les mettre à jour : Silo, Guéba, Megiddo, Samarie, etc. Des individus que seule la Bible mentionnait ont été authentifiés par l'archéologie (notamment Belschatsar, Dan. 5). On pensait que Belschatsar n'avait jamais existé et que ce nom était une pure invention des Écritures. On pensait cela car l'histoire ne révélait aucun roi babylonien de ce nom. Les chroniques de Nabonide montrent que Nabonide (roi de Babylone) partit de Babylone aux environs de 556 av. J.-C. et qu'il confia le trône à Belschatsar, son fils. Ce fut pendant cette absence de Nabonide que les Mèdes et les Perses attaquèrent Babylone (Dan. 5). Ésaïe 20.1 mentionne un certain Sargon, mais aucun autre document en dehors de la Bible ne mentionnait ce nom. En 1843 P.-É. Botta découvrit le palais de Sargon. En fait, le roi Sargon (722-705 av. J.-C.) est le roi assyrien sur lequel on a le plus d'informations. On a aussi découvert environ 300 tablettes datant du temps de Nebucadnetsar (595-570 av. J.-C.). Sur ces tablettes on peut lire le nom du roi Jojakin (voir 2 Rois 25.27-30).

L'archéologie a changé le visage de la critique biblique. Même H.H. Rowley, un érudit libéral, avoue que l'archéologie a forcé la critique biblique à adopter des opinions plus conservatrices sur les Écritures.[1] Dans ce chapitre nous nous limitons aux découvertes qui se rapportent à l'histoire décrite dans l'Ancien Testament (avant la naissance de Jésus-Christ).

L'ARCHÉOLOGIE ET L'ANCIEN TESTAMENT

▶ Les anciennes civilisations

L'archéologie montre que les activités les plus primitives ont été l'agriculture et l'élevage (Gen. 4.2). Puis on trouve les débuts de la vie

---

[1] H.H. Rowley, *The Old Testament and Modern Study*, Oxford Univers. Press. 1967 p. XVII

urbaine et le développement de l'artisanat (Gen. 4.16-24). Les découvertes archéologiques ont montré les nombreux aspects de la vie primitive telle que nous la trouvons dans les Écritures. C'est notamment le cas de Tell Hassuna (près de Mossoul), et de Ninive (Tepe Gauvra). Ces fouilles ont montré qu'un haut degré de civilisation existait déjà 5000 ans av. J.-C. Les excavations de Tell Asmar montrent que les hommes connaissaient et utilisaient le fer vers 2700 av. J.-C. (voir «Oriental Institute» Com. XVII, p. 59-61).

▶ Les récits du déluge

Les peuples de qui descendent les Hébreux ont conservé un souvenir assez précis du déluge. Cela est évident à Akkad et Sumer où l'on a retrouvé des tablettes cunéiformes relatant le déluge. La liste la plus ancienne des rois sumériens mentionne huit rois qui régnèrent avant le déluge (le prisme de Weld-Blundell). Cette liste de rois sumériens est interrompue à cause du déluge.

Le récit sumérien du déluge est le plus ancien. Il fut découvert à Nippur et date d'environ 2000 ans av. J.-C. Dans ce récit païen du déluge, Ziusudra se construisit un grand bateau pour échapper aux eaux. Une fois le déluge passé, Ziusudra offrit des sacrifices. La version babylonienne du déluge est contenue dans le 11ᵉ livre de l'Épopée de Gilgamesh (assyro-babylonienne). Ce récit se trouvait dans la bibliothèque du roi Assurbanipal (669-626 av. J.-C.). Les tablettes furent découvertes en 1853 par Hormuzd Russam. Le récit babylonien du déluge est celui qui se rapproche le plus du récit biblique. Le nom du héros babylonien est Uta-Napishtim, «l'immortel». Le récit babylonien présente une leçon spirituelle, car il parle de la vie dans l'au-delà. Gilgamesh était le roi d'Uruk (Érec en Gen. 10.10; aujourd'hui Warka). Son ami, Enkidu, mourut et il voulut savoir si cet ami vivait dans l'au-delà. Il consulta Uta-Napishtim qui lui raconta l'histoire du déluge et lui expliqua le principe de l'immortalité. Le nom contient le récit des divinités babyloniennes : Ea, Adad, Annunaki, Ishtar, Enlil.

Il est intéressant de noter certaines ressemblances entre le récit babylonien du déluge et le récit biblique. Nul ne sait pour sûr d'où viennent ces ressemblances. Certaines théories ont été émises, mais elles ne comportent pas de preuves concrètes. Il faut aussi noter les différences fondamentales qui existent entre les deux récits. Les concepts moraux et théologiques des deux récits sont diamétralement opposés. Certains pensent que le récit biblique du déluge n'est qu'une copie améliorée du récit babylonien qui serait, quant à lui, beaucoup plus ancien. Il n'y a pas de preuves satisfaisantes à cette théorie. Tout au plus pourrait-on dire que les Hébreux et les Babyloniens avaient conservé dans leurs traditions le souvenir d'un même événement.

▶ **La répartition des nations bibliques primitives**

Voir Gen. 9.18–10.32. La Genèse, comme l'indique son nom, est un livre qui nous parle des « origines ». Nous avons dans le passage cité ci-dessus la description généalogique et géographique de l'origine des nations après le déluge.

Les paroles de Noé en Gen. 9.25-27 sont étroitement liées aux généalogies et à la description des nations primitives après le déluge (Gen. 10). Ces paroles de Noé revêtent un caractère prophétique qu'il faut noter. Nous devons cependant être prudents dans notre interprétation de l'histoire des nations lorsque nous désirons comprendre la réalisation de cette prophétie.

Après le déluge la terre fut repeuplée par les descendants des trois fils de Noé : Sem, Cham et Japhet (Gen. 9.18). De *Cham* descendirent les peuples affiliés à Canaan, et ces peuplades habitèrent le pays de Canaan (Gen. 10.15-20). Ce sont ces Cananéens, descendants de Cham, qui, plus tard, ont manifesté les caractéristiques que leur attribue Noé (Gen. 15.16 ; 19.5 ; Lév. 18, 20 ; Deut. 12.31). Ils furent assujettis par les Israélites lors de la conquête de Canaan. Ils sont décrits comme des esclaves (ce qui comporte surtout l'idée d'un assujettissement politique).

Les textes d'Ougarit (découverts en 1929-1937) montrent les débauches et l'iniquité des Cananéens dont l'idolâtrie était la cause majeure. Puisque les descendants de Cham (surtout Canaan) devaient ainsi dégénérer moralement et spirituellement, on peut comprendre leur assujettissement politique, qui ne fut pas causé pour des raisons raciales, mais comme une conséquence de leur décadence. La conquête de Canaan appartient à cette période de l'histoire.

Japhet (Gen. 10.2-5). Gomer (en assyrien = Gimirraya). Ses descendants finirent par s'établir dans les régions plus au nord (Ézé. 38.6). Les descendants de Gomer sont associés aux Cimmériens de l'antiquité classique (Homère, « L'Odyssée » XI, 14). Assarhaddon les subjugua (681-668 av. J.-C.) ; Assurbanipal mentionne qu'ils envahirent la Lydie sous le roi Gugu – sans doute le Gog d'Ézé. 38.2.

Magog est un pays et un peuple du même nom dont le roi s'appelait Gog (voyez Ézé. 38.2 ; 39.6). Les historiens les associent à certaines hordes barbares nordiques. Madaï sont les Mèdes qui peuplèrent les régions montagneuses de l'est de l'Assyrie et du sud de la mer Caspienne (voyez aussi 2 Rois 17.6 ; 18.11 ; Ésa. 21.2, etc.). On retrouve leur origine et leur histoire dans les inscriptions assyriennes du IXe siècle avant J.-C.

Javan est le nom attribué aux Grecs ; ce sont aussi les Ioniens d'Homère. Les Hébreux vinrent en contact avec les Grecs et les appelèrent du nom de Javan. Les Grecs sont ainsi appelés dans certains textes de l'Ancien Testament (Ézéchiel 27.13 ; Ésaïe 66.19 ; Joël 3.6 ; Zach. 9.13 ; Dan. 8.21 ; 10.20). Les inscriptions les mentionnent aussi sous Sargon II (721-75), qui les combattit dans une bataille navale.

Tubal et *Méschec* : Ézé. 27.13 ; 32.26 ; 38.2 ; 39.1 ; Ésa. 66.19. Dans les inscriptions assyriennes, leur nom est Tabali et Muski. Les Tabali sont mentionnés sous Tiglath Piléser I (1100 av. J.-C.). Les Muski sont mentionnés sous Salmanasar III (860-825 av. J.-C.). D'après les inscriptions assyriennes, ils habitaient le nord-est de la Cilicie et l'est de la Cappadoce. On possède aussi un certain nombre de renseignements sur les descendants de Gommer et de Javan.

▶ **Les descendants de Gommer**

Aschkenaz : (en assyrien = Ashkuz ; les Scythes). Au temps de Jérémie ils vivaient dans la région des montagnes d'Ararat. C'étaient de redoutables barbares et des guerriers sans pareil. *Riphat* : (1 Chr. 1.6 :

Diphat). On retrouve leur nom dans les montagnes qu'on appelle «Riphées». Togarma : en Arménie ce nom est Togarama. On pense que ce sont les Arméniens (cf. Ézé. 27.14 ; 38.6).

▶ **Les descendants de Javan**

Ils s'établirent au sud et à l'ouest, le long de la mer méditerranée. Élischa : on retrouve leur nom dans les tablettes découvertes à Tell el-Amarna (= Alashia). Ézéchiel parle des étoffes qui proviennent des îles d'Élischa (Ézé. 27.7).

Tarsis : les historiens s'accordent pour reconnaître dans ce nom toute une région se situant au sud de l'Espagne, près de Gibraltar. C'était une région minière d'où les marchands de Tyr se procuraient du fer, de l'argent, du plomb et de l'étain (Ézé. 27.12).

Kittim : les inscriptions phéniciennes les appellent «le peuple de Kit et Kiti». Ils auraient habité Chypre (une ville de Chypre s'appelait Kition : aujourd'hui Larnarca).

Dodanim : ils sont généralement associés aux Dardaniens d'Asie Mineure.

▶ **Les descendants de Cham (Gen. 10.6-14)**

Les descendants de Cham s'établirent d'abord dans la basse Mésopotamie, au sud de l'Arabie, en Éthiopie, en Égypte et en Canaan.

Cusch : l'archéologie a retrouvé la ville de Kisch. Au début, ils habitaient près de l'embouchure du Tigre et de l'Euphrate, où Nimrod leur procura un grand pouvoir.

Mitsraïm : c'est l'ancien nom qui était donné à l'Égypte. Les tablettes de Tell el-Amarna montrent que les Cananéens appelaient les Égyptiens du nom de Mitsri.

▶ **Les descendants de Cusch**

Saba : ses descendants habitèrent le pays de Schinear (basse Mésopotamie). Les inscriptions assyriennes mentionnent les descendants de Saba et précisent qu'au 8e siècle av. J.-C. ils émigrèrent au nord-ouest de l'Arabie. Dans les Écritures, Saba est aussi mentionné en relation avec l'Éthiopie et l'Égypte (Ésa. 43.3 ; 45.14).

Havila : une région porte ce nom qui s'étend du sud au centre de l'Arabie et qui est peuplée en partie par des Cuschites (voir Gen. 10.7, 29 ; 1 Chr. 1.9, 22).

Raema et *Sabteca* : leurs descendants représentent des tribus cuschites du sud-ouest de l'Arabie.

La généalogie de Cusch s'interrompt en Gen. 10.8-12, où l'on trouve certains détails sur Nimrod, autre descendant de Cusch. Cette description assez précise de Nimrod et de son genre de vie, ainsi que de ses « exploits », est intéressante et comporte, sans doute, une importante leçon pour nous. Il semble qu'avec Nimrod apparut cette sorte d'hommes qui s'élève au-dessus des autres par la guerre et les armes et cherche la gloire qui vient des conquêtes militaires. Nimrod est considéré, par nombre d'historiens et par les archéologues, comme le fondateur de l'Empire babylonien (voir Gen. 10.8, 9).

À travers des Écritures, Babylone est le symbole même de la puissance dominatrice et persécutrice de certaines nations (Ésa. 21.9 ; Jér. 50.24 ; 51.64 ; Apo. 16.19 ; 17.5 ; 18.3, etc.).

La description de Nimrod en Genèse 10 est intéressante : « Il était "un vaillant chasseur" devant l'Éternel ». On a souvent interprété cette description de Nimrod comme un aspect positif et louable de la personnalité de cet individu. À travers les Écritures l'idéal du chef, du roi, n'est jamais représenté par le « chasseur », mais plutôt par le « berger », l'homme paisible (voir 2 Sam. 5.2 ; 7.7 ; Apo. 2.27 ; 19.15).

Les villes de Babel, Érec et Accad, sur lesquelles Nimrod régna, sont bien connues des archéologues. Ils estiment que ces villes furent les premières capitales que le monde connut. Le pays de Schinear est une vaste plaine qui s'étend entre le Tigre et l'Euphrate, près de l'embouchure de ces deux fleuves. Les inscriptions cunéiformes parlent de cette région. Ces inscriptions divisent la région de Schinear en deux parties. Le nord de Schinear est appelé Accad (capitale : Babel/Babylone et Akkada) ; le sud est appelé Sumer (capitale Uruk/Érec). C'est sous Hammourabi (1728-1686 av. J.-C.) que Babel devint la capitale de toute la basse-Mésopotamie. Babel était aussi puissante au sud que l'était Mari au nord-ouest. L'archéologie a permis de découvrir la ville d'Érec (en akkadien = Uruk) dont le nom moderne est Warka. C'est là qu'on découvrit la première ziggourat (temple en forme de tour). Sous Sargon, Accad devint une puissante capitale de la Mésopotamie.

Les monuments babyloniens et assyriens confirment la véracité des Écritures en montrant que les villes bibliques ont bien existé telles Assur et Ninive.

▶ Les descendants de Mitsraïm

Les *Ludim* : les habitants de Lud sont devenus des archers au service de l'Égypte (Jér. 46.9 ; Ézé. 27.10 ; 30.5 ; cf. Ésa. 66.19). Descendants de Canaan : *Sidon* : Sidon est la ville phénicienne la plus ancienne. Les Phéniciens étaient d'ailleurs appelés les Sidoniens du 11e au 8e siècle av. J.-C. (cf. 1 R. 5.6 ; 16.31). Homère mentionne souvent Sidon, mais il ne mentionne pas Tyr.

Heth : de nombreux chercheurs s'accordent pour dire que le mot « Hittite » vient du nom *Heth*. Avant les découvertes archéologiques qui ont été faites sur les *Hittites*, les critiques de la Bible niaient jusqu'à l'existence de ce peuple, car seule la Bible le mentionnait. En 1906-1907, le professeur Winckler découvrit environ 10 000 tablettes à Boghazkeui. Ces tablettes mentionnaient les Hittites.

Les *Jébusiens* : ils habitaient principalement Jebus, ancien nom de Jérusalem (Jos. 15.63 ; Jug. 19.10, 11 ; 1 Chr. 11.4). Le roi des Jébusiens fut tué par Josué (Jos. 10.23-26), et leur territoire revint à la tribu de Benjamin (Jos. 18.28). Les Jébusiens furent définitivement chassés de Sion par David (2 Sam. 5.6, 7) et furent soumis par Salomon (1 Rois 9.20). Les tablettes trouvées à Tell el-Amarna témoignent de l'origine hittite des Jébusiens.

Les *Amoréens* : avec les Hittites, les Amoréens étaient un des peuples les plus puissants de la Palestine. Ils dominaient sur un grand territoire à l'est du Jourdain (Deut. 3.8 ; Jug. 11.22). Ils occupaient aussi le territoire de Juda (Jos. 10.5). Ils ne furent pas tous détruits, et leurs descendants furent finalement faits esclaves par Salomon (Juges 1.35 ; 3.5 ; 1 Sam. 7.14 ; 1 Rois 9.20, 21).

Les *Guirgasiens* : c'est une tribu de Canaan (Gen. 15.21 ; Deut. 7.1 ; Jos. 3.10 ; 24.11 ; Néh. 9.8). Les archéologues sont encore dans l'obscurité à leur sujet. Il en est ainsi des *Héviens*. Cependant, les *Héviens* sont aussi appelés les *Horites* (Gen. 34.2 ; Jos ; 9.7) et les archéologues ont retrouvé la trace de ces derniers.

Les *Arkiens* s'établirent à Arka, qui existe encore aujourd'hui (Tell Arka). Les tablettes de Tell el-Amarna appellent le lieu « Inkata ». Les *Siniens* : Tiglath Piléser III mentionne la ville de Sin (nord de la Phénicie). Les *Arvaniens* : leur ville (Arvade) est mentionnée dans les tablettes du Tell el-Amarna, dans les chronologies des rois assyriens. Les *Tsémariens* : leur ville (Tsimura) est aussi mentionnée dans les tablettes du Tell el-Amarna. Les *Hamathiens* : ils habitaient Hamath sur l'Oronte. Harold Ingholdt retrouva leur ville en 1932-1939.

SEM (GEN. 10.21-31)

L'introduction à la généalogie des fils de Sem est particulièrement solennelle dans le texte original. Les fils de Sem (les nations sémitiques) devaient jouer un rôle important dans le déroulement du plan du salut.

Sem fut le père de « tous les fils d'Héber ». Les « fils d'Héber » comprennent les tribus arabes (vs. 25-30) ainsi que les descendants d'Abraham, les Israélites (11.16-26) et finalement les Ismaélites, les Édomites et les Madianites (cf. 25.2). Le nom *Héber* est bien sûr étymologiquement à l'origine du nom primitif du peuple juif : les *Hébreux*. Le nom signifie « celui qui vient d'au-delà de la rivière » (l'Euphrate ; voir Josué 24.3).

▶ **Les descendants de Sem**

Élam : c'est le nom d'un peuple et d'une région dans l'est de la Babylonie, dont la capitale était Suse (voir Néh. 1.1 ; Esth. 2.8). C'est à Suse que le Français Jacques de Morgan découvrit en 1901 le Code d'Hammourabi.

Assur : lui et ses descendants sont les ancêtres du grand peuple assyrien. Les villes d'Assur et de Ninive furent fondées par des Sémites, qui très tôt s'étaient établis dans les vallées du Tigre et de l'Euphrate (voir Gen. 10.11).

Arpachsad : ce nom est demeuré une énigme pour l'archéologie.

Lud : beaucoup de chercheurs sont de l'avis que lui et ses descendants furent les ancêtres des *Lydiens* (Asie Mineure).

Aram : l'ancêtre du peuple araméen, peuple qui s'étendit en Syrie et en Mésopotamie. Abraham a séjourné à Charan (Paddan Aram), et de là il immigra en terre de Canaan. La langue araméenne (ou syriaque) devint très populaire (cf. 2 Rois 18.26). On trouve même de l'araméen dans certaines portions des Écritures de l'Ancien Testament (voyez Daniel et Esdras).

Il semble que selon les Écritures l'incident de la tour de Babel se soit déroulé au temps d'un des fils d'Héber : *Péleg* (ce nom veut d'ailleurs dire « partager, diviser »). Il est écrit à son sujet : « De son temps la terre fut partagée. »

Les descendants de Noé s'établirent dans une région très fertile : le « pays de Schinear » en Mésopotamie. La fierté et l'ambition de ces hommes se manifestent dans leur désir de bâtir une ville. Cette ville devait avoir une tour « dont le sommet touche le ciel » (Gen. 11.4). Même après la destruction de la tour de Babel, les Babyloniens et les Assyriens continuèrent à montrer leur arrogance et leur fierté, en érigeant d'énormes tours.

Le désir de ces peuplades était de devenir puissants par leurs propres efforts et d'exhiber leur fierté devant la terre et son créateur, en s'unissant pour faire une tour gigantesque et pour former une nation unique et puissante (Gen. 11.6), contrairement aux commandements de Dieu qui avait dit : « Soyez féconds, multipliez et remplissez la terre » (Gen. 9.1). La puissance humaine, l'impérialisme national, le totalitarisme politique ont toujours été une marque d'idolâtrie, et nulle nation dans l'histoire n'a pu provoquer impunément la majesté divine.

L'état d'esprit des hommes de Genèse 9 ressort non seulement dans la Bible, mais aussi des documents cunéiformes qui ont été retrouvés et qui racontent les « exploits » de l'humanité. Babylone devait devenir à travers les Écritures le symbole de cette arrogance humaine qui s'efforce de défier la souveraineté de Dieu en glorifiant l'être humain, la créature, plutôt que le créateur, en glorifiant la politique humaine plutôt que la politique divine (cf. po. 17-18). Le livre de Daniel et le livre de l'Apocalypse sont une démonstration magistrale de l'inutilité de tels efforts de la part de l'homme, de la vanité de tels sentiments de supériorité chez les hommes et les nations. La confusion des langues fut le moyen que Dieu employa pour empêcher que les hommes ne réalisent leurs projets orgueilleux. Seul Dieu mérite d'être glorifié.

Il est important de voir la relation qui existe entre Genèse 10 et 11, entre la diversité des races et la diversité des langues. Il est aussi important de se souvenir que la Bible place le récit de la tour de Babel après et non avant le déluge. La littérature cunéiforme primitive n'offre aucun récit qui soit parallèle au récit de la tour de Babel en Genèse.

Les *ziggourats* du monde babylonien étaient de gigantesques tours accolées aux temples. La ziggourat la plus ancienne qui a été découverte est celle d'Uruk (« Érec » : Gen. 10.10), qui date de la fin du IVe siècle av. J.-C. Il y a peut-être une parenté entre les ziggourats et la tour de Babel, mais la tour de Babel n'est pas appelée une « ziggurat », mais une « tour » (*Migdal*).

LES PATRIARCHES ET L'ARCHÉOLOGIE

De nombreuses théories s'efforcent de réduire les récits bibliques à des légendes et des mythes. Le critique allemand Wellhausen pensait lui-même qu'Abraham était une « création libre de l'inconscient artistique ».[2]

L'archéologie a amplement démontré que celui qui a fait preuve « d'inconscient artistique » n'est pas l'homme qui nous rapporte l'histoire d'Abraham, mais plutôt Wellhausen lui-même ! La théorie de

---

[2] *Prologomena to the History of Israël*, Eng. Translation, 1885, p. 320.

Wellhausen et de ses disciples suppose que les récits bibliques sur les patriarches avaient été transmis oralement depuis l'origine et avaient été composés beaucoup plus tard, seulement vers les 8ᵉ et 9ᵉ siècles av. J.-C. Bien sûr, cette théorie rejetait aussi l'inspiration divine des Écritures, considérées comme le produit de l'homme, en particulier le produit de l'évolution de la pensée religieuse chez les Hébreux.

Il n'est pas faux de dire que Dieu s'est révélé de plus en plus clairement aux Hébreux et que cela leur permit de saisir toujours mieux le sens de leur religion. Mais affirmer que la révélation biblique n'est que le produit de l'esprit humain constitue un rejet de la puissance de Dieu et de l'inspiration des Écritures.

Il existe une faille évidente dans cette théorie : le récit biblique sur les patriarches ne présente aucun parallèle avec les conditions sociales et culturelles de l'époque « plus tardive » où le récit aurait été supposément composé. Albright, archéologue mondialement réputé, le dit très bien :

> « Wellhausen et ses disciples ne pouvaient pas discerner cette difficulté et cette faille à leur théorie pour la simple raison qu'ils étaient ignorants des réelles conditions de vie qui sévissaient en Palestine à cette époque plus tardive (les 8ᵉ et 9ᵉ siècles) et à l'époque patriarcale. »[3]

Pourtant, les théories de Wellhausen, avec tout ce qu'elles avaient d'attrayant pour le sceptique, ont parfois persisté jusqu'à ce jour.[4]

Les découvertes archéologiques du siècle dernier et de ce siècle ont eu pour résultat de renverser les théories du sceptique. En réalité, ces théories se basaient, non pas sur notre connaissance concrète des conditions de vie pendant ces époques décrites dans la Bible, mais sur le peu d'informations que nous possédions – ce qui permettait à l'imagination et aux suppositions d'avoir libre cours. L'archéologie est une science qui nous procure des évidences concrètes, et non des

---

[3] W.F. Albright, *The Archeology of Palestine of the Bible*, New York, 1935 – pp. 130sv.
[4] Voyez R. Weill « La légende des patriarches et l'histoire » Revue des études sémitiques, 1937 – pp. 145-200.

théories. Ces évidences vont dans le sens à confirmer la véracité historique des Écritures et témoignent en faveur des convictions plus traditionnelles sur son authenticité.

Ce que nous décrit la Bible à propos des patriarches correspond bien à ce qui existait à l'époque en Palestine. Le fait est que l'humilité et l'honnêteté intellectuelles devraient forcer nombre d'individus à changer leur point de vue sur les premiers chapitres de la Bible. Certains l'ont fait. D'autres ont persisté dans leur scepticisme.[5]

Bien sûr, aucune découverte ne mentionne les patriarches eux-mêmes. Ce que l'archéologie a montré, c'est que leur façon de vivre, leur culture et leur vie sociale correspondent bien à l'époque où la Bible les place. C'est là une évidence en faveur de la validité historique du récit et en faveur d'une date très ancienne pour la rédaction du récit. Albright est très précis dans ce sens puisqu'il peut dater aux environs de 1800-1500 av. J.-C. ce qui nous est rapporté dans les récits de la Genèse qui parlent des patriarches.

QUELQUES EXEMPLES RELATIFS À LA VIE DES PATRIARCHES

Abraham et Nuzu. La ville de Nuzu fut l'objet d'un grand nombre de fouilles entre 1925-1941. Des milliers de documents intéressants y ont été découverts qui nous rapportent certaines coutumes et certaines lois du temps où les patriarches vivaient.

L'héritier adoptif. À l'époque patriarcale, la coutume était pour un couple sans enfant de faire hériter la fortune familiale et de transmettre l'autorité du patriarche au serviteur le plus fidèle. Nous retrouvons une trace de cette coutume en Gen. 15.2 à propos d'Éliézer de Damas. Les lois de Nuzu précisent cependant que la promesse d'héritage faite à un serviteur fidèle pouvait être annulée dans le cas d'une naissance inattendue dans la famille. C'est pour cela que Dieu pouvait affirmer à Abraham qu'Éliézer ne serait pas l'héritier de sa maison (avant la naissance d'Isaac), car Dieu connaissait d'avance la naissance d'Isaac.

---

[5] R.P. Devaux, «Revue Biblique» LIII (1946) – pp. 321-348, LV (1948) – p. 321-347 ; LVI (1949) – p. 5-36.

Le mariage. La loi de Nuzu stipulait que si la femme du chef de famille était stérile, elle pouvait fournir une esclave à son mari dans le but d'avoir un enfant (voir Gen. 16.1-16).

Le droit d'aînesse. Une tablette découverte à Nuzu raconte le cas d'un frère qui vendit son droit d'aînesse pour trois brebis. Cela rappelle l'histoire d'Ésaü et de Jacob (Gen. 25.27-34).

Les teraphim. Ces objets (petites statuettes représentant des divinités, et qu'on plaçait dans les maisons) existaient à cette époque ainsi qu'en témoigne la Bible (Gen. 31.34).

Abraham et Mari. Cette ancienne cité se trouvait sur l'actuel Tell Hariri. André Parrot, archéologue français, y effectue des recherches minutieuses dès 1933. On y a trouvé 20 000 tablettes dans le palais royal, un temple dédié à Ishtar et une ziggourat (André Parrot, *Mari, une ville perdue*, 4ᵉ éd. Paris 1946, p. 1-24). Au temps d'Abraham (env. 2000 ans av. J.-C.), Mari était une capitale importante de la Mésopotamie.

Nachor. La ville de Nachor (Gen. 24.10) est mentionnée dans une tablette découverte, datée d'environ 1700 avant J.-C., et dans laquelle une habitante de Nachor s'adresse au roi de Mari (centre urbain important du Moyen-Orient entre 2900 à 1759 avant J.-C. et situé dans l'actuelle Syrie).

Les devins. L'époque patriarcale était fructueuse en devins et l'occultisme était couramment pratiqué. On constate que les patriarches restèrent purs de toutes ces influences (Gen. 35.2-4).

Le nom «Abraham» n'était pas inconnu 2000 ans av. J.-C. en Mésopotamie. En effet, on trouve ce nom sous différentes formes en Mésopotamie à cette époque : *A-ba-amra-m* ; *A-ba-ra-ma* ; *A-ba-am-ra-am*.[6] On trouve même le nom de Jacob mentionné dans la liste de Thoutmosis III, 15ᵉ siècle av. J.-C. (Ya'-qub'-el = «Que El protège»).

H.H. Rowley (1890-1969) fut l'éditeur du *Journal of Semitic Studies* ; il fut frappé des similarités qui existent entre les récits bibliques et les découvertes archéologiques qui touchent à la vie et aux coutumes à

---

[6] Voir Devaux «*Revue Biblique*», LIII (1946) p. 323.

l'époque des patriarches (env. 2000 ans av. J.-C.).[7] Comment certains peuvent-ils penser que ces écrits furent rédigés à une époque (8e et 9e siècles) où ces anciennes lois et coutumes n'existaient plus ? Faudrait-il supposer que ces écrivains se seraient souvenus de lois depuis longtemps oubliées ou qu'ils les auraient inventées pour les insérer dans leur récit afin de faire croire à leur authenticité ?

Si nous acceptons le texte comme étant authentiquement ancien et écrit de la main de Moïse (15e siècle av. J.-C.), de telles précisions dans le texte biblique ne sont nullement étonnantes. Nous recommandons à ce sujet Devaux.[8]

TEXTES ÉGYPTIENS ET AUTRES DÉCOUVERTES

▶ **Les tribus nomades au Moyen-Orient**

Des écrits égyptiens ont été déchiffrés sur des vases de l'époque des patriarches. Ces écrits témoignent de l'existence de tribus nomades au Moyen-Orient au temps de pharaons de cette époque.[9]

▶ **La captivité d'Israël en Égypte**

Selon la chronologie qu'on peut établir à partir de la Bible hébraïque, Jacob et sa famille auraient émigré en Égypte autour de l'an 1871 av. J.-C. C'était sous la 12e dynastie égyptienne pendant le Moyen Empire (env. 2000-1780 av. J.-C.).

COULEUR LOCALE CONFIRMÉE PAR L'ARCHÉOLOGIE

▶ **Le commerce**

Gen. 37.25 décrit avec précision les échanges commerciaux qui existaient à cette époque entre l'Égypte et certaines peuplades asiatiques (cf. aussi Gen. 43.11). Une peinture découverte sur un tombeau

---

[7] Voir H.H. Rowley, « Recent Discoveries and the Patriarchal Age » – *Bulletin of the John Rylands Library* (Manchester) XXXII (Sept. 1949) – p. 76.
[8] « Les Patriarches Hébreux et les Découvertes Modernes » Revue Biblique, LIII (1946), pp. 321-348 ; LV (1948), pp. 231-247 ; LVI (1947) pp. 5-36.
[9] Kurt Sethe, 1926 – Berlin dans W.F. Albright *The Archeology of Palestine*, 1949 p. 83.

égyptien datant de 1900 av. J.-C. représente un de ces marchands qui est appelé « prince d'un pays étranger ». Son visage est typiquement sémitique. Il a de longs cheveux noirs et bouclés qui lui tombent dans le cou. Sa barbe est pointue, et il porte un long et épais manteau. Lui et les membres de sa famille portent des arcs et des lances. L'inscription qui accompagne cette peinture précise qu'il s'agit d'Asiatiques qui apportent de la « peinture pour les yeux en Égypte ».[10]

L'Égypte jouissait alors d'une certaine abondance, ainsi que nous pouvons le constater aux dires des Hébreux en Ex. 16.3 et Nom. 11.4, 5, 18. Les écrits égyptiens de ce temps témoignent eux-mêmes de cette opulence. W. Keller cite un écrit égyptien d'un certain Pai-Bes :

> « Je suis arrivé à Pi-Ramsès et je crois que cette ville merveilleuse n'a pas sa pareille. Le même dieu Ra l'a fondée sur les plans de Thèbes. On y mène une vie exceptionnelle. Sa campagne offre une profusion de bonnes choses. Tous les jours on y livre de la viande et des aliments frais. Ses étangs sont riches en poissons, ses lagunes en oiseaux, ses pâturages sont couverts d'herbe verte et ses fruits ont la saveur du miel. Ses entrepôts sont remplis d'orge et de céréales diverses ; ils se dressent jusqu'au ciel. On y trouve des oignons et de l'ail pour les aliments, des grenades aussi, des pommes, des olives et des figues qui lui viennent des vergers. Son vin doux de Kenkémé est plus fin que le miel. Le fleuve lui livre du sel et du salpêtre. Ses bateaux vont et viennent. Tous les jours la nourriture y est fraîche pour le bétail. On est heureux d'y habiter, et personne n'y mendie, car les petites gens y vivent aussi bien que les grands… »[11]

▶ La captivité en Égypte et l'Exode

Il y a eu de nombreuses tentatives pour essayer de discréditer le récit biblique de l'Exode qui nous rapporte la captivité d'Israël en Égypte et sa délivrance. On trouve cependant un certain nombre d'évidences archéologiques qui confirment que les Hébreux, à une

---

[10] L. Grollenberg « Atlas Biblique » p. 72. M.F. Unger, *Archeology and the Old Testament*, Zondervan, p. 130.
[11] Werner Keller, *La Bible arrachée au sable*, Presses de la Cité Paris, pp. 108-109.

époque très ancienne, avaient eu des contacts avec l'Égypte. W.F. Albright écrit à ce propos :

> « Dans l'état actuel de nos connaissances de la topographie de la partie orientale du Delta du Nil, les précisions données par la Bible au sujet du début de l'exode (Ex. 12.37 ; 13.20) sont absolument exactes, géographiquement parlant. Nos connaissances de la topographie de l'archéologie nous fournissent un grand nombre de preuves du caractère historique du livre de l'Exode. L'attitude de scepticisme vis-à-vis des anciennes traditions historiques d'Israël n'est pas justifiée. »

▶ Les noms des Lévites

Il est frappant de rencontrer des noms typiquement égyptiens dans les descendants de Lévi : Moïse, Assir, Paschhur, Hophni, Phinées, Merari.[12] Cette proportion de noms purement égyptiens parmi les lévites ne peut pas être accidentelle. Le nom de Moïse est typiquement égyptien : *Mose* est un nom qu'on retrouve chez beaucoup de rois et de personnages égyptiens (par exemple : Thout*mosis* ainsi que le nom de quatre rois de la 18ᵉ dynastie). *Mose* voulait dire « l'enfant ». Le mot hébreu *masha* qui ressemble à *Mose* veut dire « retirer » (voir Ex. 2.10).

▶ La vie en Égypte

Les récits de l'Exode et de la Genèse sont étonnants de couleur locale dans les descriptions de la vie égyptienne. Certaines fonctions dans l'administration égyptienne ont été retrouvées grâce à l'archéologie. Cela est vrai du « chef des échansons » et du « chef des panetiers ». Le chef des échansons était chargé de s'occuper des boissons du roi, de leur préparation et de leur service ; le chef des panetiers était en charge de la nourriture : c'était le chef des cuisiniers et des serveurs.

Les monuments égyptiens montrent l'importance de ces tâches dans l'ancienne Égypte.[13] (Potiphar établit Joseph « sur sa maison » (Gen. 39.4.) La traduction ne rend pas avec précision le titre que

---

[12] Théophile Meek, « Moses and the Levites » *The American Journal of Semitic languages and litterature* LVI, pp. 117 f.

[13] Hengstenberg : « Egypt and the Book of Moses » p. 27 & Wilkinson « Ancient Egyptians » ii. 33-39.

portaient certains nobles égyptiens et qui fut celui de Joseph. On peut faire la même remarque à propos de Gen. 41.40 où le titre correspond à la position de « premier ministre », ou de « vizir » dans l'histoire égyptienne.

Les famines n'étaient pas inconnues en Égypte à l'époque de Joseph. Une inscription égyptienne datant de 100 ans av. J.-C. rapporte qu'il y eut une grande famine de 7 ans sous le Pharaon Zoser (3ᵉ dynastie – 2700 ans av. J.-C.) (G. Wright & F. Filson « The Westminster »).

Les monuments égyptiens témoignent de l'importance des magiciens en Égypte (voir Gen. 41.8sv). Les mêmes monuments témoignent que les bergers asiatiques étaient « en abomination » aux Égyptiens, ainsi que leur contact (voir Gen. 43.32 ; 46.34). La momification de Joseph est en accord avec les pratiques égyptiennes (Gen. 50.2, 26) – la momification étant une dernière marque de respect rendue aux dignitaires et personnages importants (Gen. 50.2, 26).

Le pays de Gosen où s'établirent les Hébreux a toujours été la région la plus fertile de l'Égypte (cf. Gen. 47.11). C'était aussi une coutume égyptienne d'offrir asile à certaines peuplades pendant les périodes de détresse et de famine. Ainsi en témoigne un document datant de 1350 av. J.-C.

On trouve en Égypte des localités qui portent des noms plutôt cananéens. Cela est surtout vrai du Nouvel Empire (1650-1085 av. J.-C.). Cela montre une influence sémitique pendant les siècles et qui précéda le Nouvel Empire. (Voyez Succoth, Ex. 12.37 ; Migdol, Ex. 14.2 ; Baal Tsephon, Ex. 14.2.)

▶ **La date de l'exode**

Il existe trois points de vue sur la date de l'exode, lesquels s'harmonisent avec le texte biblique :

1. 1441 av. J.-C. sous Aménophis II (18ᵉ dynastie)
2. 1508-1504 av. J.-C. sous Thoutmes II (18ᵉ dynastie)
3. 1290 av. J.-C. sous Ramsès II (19ᵉ dynastie)

▶ **Les pharaons**

Le témoignage biblique, historique et archéologique tend à montrer que les deux premiers pharaons, *Aménophis II* et *Thoutmès II* sont vraisemblablement le point de vue le plus correct pour dater l'exode.

PHARAONS DU NOUVEL EMPIRE (1650-1085 AV. J.-C.)

XVIIᵉ dynastie (1650-1567 av. J.-C.)

Nebkheperré Ankef VII
Sekénenré Taâ I
Sekénenra Taâ II
Ouadjekheperré Kamosis

XVIIIᵉ dynastie (1567-1320 av. J.-C.)

Nobhetiré Amosis – 1570-1546
Djesejaré Aménophis I – 1546-1526
Akheperkaré Thoutmosis I – 1525-1512
Akheperenré Thoutmosis II – 1512-1504
Makaré Hatshepsut – 1503-1482
Menkheperré Thoutmosis III – 1504-1450
Akheperouré Aménophis II – 1450-1425
1 Rois 6.1 – Merkhenperoré Thoutmosis IV – 1425-1417
Nebmaré Aménophis III – 1417-1379
Neferkheperouré Aménophis IV – Akénaton 1379-1362
Akheperouré Semenekhkaré – 1364-1361
Nebkheperouré Toutankhamon – 1361-1352
- *inconnu* -
- *inconnu* -

XIXᵉ dynastie (1320-1085 av. J.-C.)

Menpehtiré Ramsès I – 1320-1318
Menmaré Séthi I – 1318-1304
Sousirmaré Ramsès II – 1304-1237

▶ **Ramsès II (1292-1190 av. J.-C.)**

La date de l'exode sous Ramsès II est celle qui est adoptée par les critiques libéraux. Ils se basent pour cette date sur ce qui est dit en Ex. 1.11 et le fait que Ramsès II prétendit avoir construit les villes de Pithom et de Ramsès. Cependant, Ramsès II est célèbre pour s'être souvent prétendu l'auteur de travaux qui n'étaient pas les siens. D'autre part, il n'y a pas qu'une seule ville en Égypte qui porte le nom de Ramsès. Il n'y a guère d'évidences en faveur de la date de l'exode sous Ramsès II. Les découvertes plus récentes contredisent cette date.

▶ Aménophis II (1450-1425 av. J.-C.), pharaon de l'Exode

1 Rois 6.1 place l'exode aux environs de 1441 av. J.-C. On peut calculer cela avec une certaine précision en se basant sur la date de la mort de Salomon aux environs de 961 av. J.-C. de l'avis général des érudits. Puisque Salomon régna 40 ans, la date de l'exode se situerait donc autour de 1441 av. J.-C. Certains critiques ont tendance à situer la date de l'exode environ deux siècles plus tard. Pour faire cela, ces critiques doivent rejeter l'authenticité de la date qui nous est donnée en 1 Rois 6.1 quant au début de la construction du temple. Ce verset s'harmonise d'ailleurs avec les chronologies que l'on trouve dans le Pentateuque.

Aménophis II régna de 1450 à 1425 av. J.-C. L'exode se serait donc déroulé au début de son règne (1441). Aménophis II était le fils de Thoutmosis (ou Thoutmès) III (1482-1450). Ce dernier pharaon est un des pharaons les plus célèbres, et il construisit un puissant empire. La personnalité de Thoutmosis III s'harmonise parfaitement avec le pharaon des premiers chapitres de l'Exode qui opprima Israël avant l'exode. Moïse attendit la mort de l'oppresseur (Thoutmosis III) avant de rentrer en Égypte (Ex. 2.23).

Si Aménophis II était le pharaon de l'exode, son fils premier-né serait décédé des suites de la dernière plaie qui s'abattit sur l'Égypte : la mort des premiers-nés. Or, l'archéologie témoigne que ce ne fut pas le premier-né d'Aménophis II qui lui succéda. Cela ressort lorsque nous examinons les monuments qui ont trait à Thoutmosis IV le successeur d'Aménophis II (1425-1412). L'un de ces monuments rapporte que Thoutmès IV fut étonné d'un rêve qu'il fit et dans lequel il se voyait pharaon d'Égypte. Or, pourquoi aurait-il été étonné d'être le successeur d'Aménophis II s'il avait été son fils premier-né ?

Thoutmosis III, le père d'Aménophis II, serait donc le pharaon que mentionne le début du livre de l'Exode et qui « n'avait pas connu Joseph ». C'était un fanatique de constructions grandioses, et il employait à cette tâche des esclaves sémites et asiatiques. La tombe d'un vizir de l'époque dépeint la tâche des esclaves qui fabriquaient des briques avec de la paille (cf. Ex. 5.6-19). Les personnages représentés sur cette tombe ont d'ailleurs des traits tout à fait sémitiques. Thoutmosis III était en outre un pharaon puissant et préoccupé de soumettre les nations qui côtoyaient l'Égypte. Il combattit nombre de peuplades qui habitaient cette région et les subjugua. Faut-il voir en cela la main de Dieu qui déjà châtiait les nations cananéennes et amoindrissait leur puissance afin de faciliter la conquête de Canaan par Israël ?

▶ **L'exode et la terre de Canaan à cette époque (vers 1441 av. J.-C.)**

Si nous nous en tenons à 1441 av. J.-C. pour la date de l'exode, les Israélites auraient donc conquis le pays de Canaan autour de 1401 av. J.-C., quarante années plus tard (Nombres 32.13). À l'époque de la conquête de Canaan, Aménophis III, puis Aménophis IV, étaient pharaons.

Les tablettes découvertes à Tell el-Amarna nous présentent l'histoire de Canaan à l'époque de la conquête (1400-1366 av. J.-C.). Selon ces tablettes, la terre de Canaan fut envahie par des peuplades appelées *Habiru*. Qui étaient ces Habiru qui envahirent Canaan à la même époque que la conquête de Canaan par les Hébreux ? Nul ne sait pour sûr. Cependant, le nom « Habiru » présente une ressemblance étymologique assez frappante avec le mot « Hébreux » (les érudits ne sont pas tous d'accord sur ce point). Ces Habiru envahirent surtout le sud et la partie centrale de Canaan à l'époque d'Aménophis III. Cette précision correspond étrangement avec la conquête de Canaan par les Hébreux qui commença par le sud et le centre de Canaan.

Les tablettes de Tell el-Amarna nous rapportent un document intéressant. C'est une lettre que le gouverneur de Jérusalem adressa à Aménophis IV (Akhnaton) (environ 1387-1366 av. J.-C.) et dans laquelle le gouverneur de Jérusalem supplie le pharaon d'Égypte de venir le délivrer des envahisseurs Habiru (Samuel A.B. Mercer, *The Tell el-Amarna Tablets*, Toronto 1939 – vol II n° 287 livres 56-60). L'histoire ne nous rapporte pas que cette aide fut effectivement accordée par le pharaon.

▸ **La destruction de Jéricho et la date de l'exode.**

Les fouilles qui ont été effectuées sur l'emplacement de la ville de Jéricho permettent de penser que la ville fut détruite aux alentours de 1400 av. J.-C. Aujourd'hui ce lieu est appelé *Kom El-Sultan* et se trouve au-dessus d'une oasis qu'on appelle *Ain'El-Sultan*. On connaît assez bien l'histoire de la ville de Jéricho grâce aux fouilles d'Ernest Sellin et de la Deutsche Orient-Gesellschaft (1907-1909), et grâce aux découvertes de John Garstang (1930-1936). (M.F. Unger : *Archeology and the Old Testament*, Grand Rapids, Michigan 1954 – p. 147.)

Plusieurs villes furent construites sur les ruines de Jéricho qui occupait une position stratégique très favorable en Palestine. Jéricho, ainsi que les villes qui se sont élevées sur ses ruines, furent successivement détruites, et les archéologues désignent toutes ces villes par des lettres alphabétiques. La ville qui fut prise et détruite par les Israélites est appelée Jéricho D, et l'on pense qu'elle fut construite vers 1500 ans av. J.-C. Le mur extérieur de cette ville avait une épaisseur de près de deux mètres. Ce mur était séparé d'un mur intérieur par un espace d'environ huit mètres, et ce mur intérieur avait une épaisseur dans l'espace séparant les deux murs. Les deux murs, ainsi que les maisons construites entre les deux, formaient une seule masse, et certaines maisons donnaient directement sur le mur extérieur (voir la maison de Rahab en Jos. 2.15).

Les fouilles qui ont été faites sur la ville D indiquent que le mur de la ville fut violemment détruit, comme par un tremblement de terre. Le rempart extérieur tomba vers le dehors, et le rempart intérieur tomba vers le dedans de la ville (voir W. Keller, *La Bible arrachée aux sables*, p. 146). La ville fut ainsi détruite et ne fut rebâtie qu'aux environs de 860 av. J.-C. ; c'est en effet ce que témoigne la Bible qui nous rapporte sa reconstruction au temps du roi Achab (1 Rois 16.34). Garstang date la destruction de Jéricho D aux environs de 1400.

Nous pouvons conclure qu'avec nos connaissances actuelles la date de l'exode semble être sous le pharaon Aménophis II. Même en considérant la date de l'exode sous le pharaon Aménophis II, il est toujours possible de considérer que celle qui recueillit Moïse fut Hatchepsout. Il est très vraisemblable que cette dernière était attachée à l'enfant qu'elle avait recueilli et que, de ce fait pendant sa vie, les Israélites ne furent pas persécutés comme cela s'avéra par la suite. Il est même permis de supposer que Thoutmosis III (à peu près du même âge que Moïse) cultivait une certaine jalousie envers cet Hébreu. Cette haine particulière de Thoutmosis III envers la personne de Moïse aurait motivé la fuite de Moïse et expliquerait le fait qu'il attendit la mort de ce pharaon avant de retourner en Égypte (Ex. 2.23). Aménophis II poursuivit la politique de persécution entreprise par Thoutmosis III (Ex. 3.9), et c'est à ce pharaon que Moïse eut à faire (Ex. 3.10).

▶ **Conclusions**

1. Amosis entreprend la révolte contre les envahisseurs hyksos et fonde la XVIIIe dynastie. À partir de ce moment, les étrangers en terre d'Égypte vont commencer à être persécutés à cause du regain de nationalisme qui sévit en Égypte, réaction des Égyptiens après les années de subjugation par les Hyksos. Ces persécutions augmentent d'autant plus que les Hébreux sont prospères et nombreux (Ex. 1.6-10).

2. Aménophis I, puis Thoutmosis I montent sur le trône d'Égypte et poursuivent cette politique de persécution des Hébreux. Cependant, cette persécution n'est encore que légère à côté de ce qui attend les Hébreux.

3. Thoutmosis II monte sur le trône d'Égypte, et il est un fanatique de constructions (notamment à Karnak). Il voit un bon moyen de mener ses projets à terme en faisant des Hébreux des esclaves (Ex. 1.8-14). Ce pharaon était sans scrupules, et pour lui le temps de Joseph était loin. Il voulait aussi réduire la puissance des Hébreux, et il essaya de faire cela en ordonnant la mort de leurs premiers-nés (Ex. 1.15-22). La fille de pharaon Thoutmosis I, femme et sœur de Thoutmosis II (Thoutmosis I n'était pas encore mort, et la Bible, en parlant de la « fille du pharaon », fait sans doute une référence au

pharaon précédent Thoutmosis I), Hatchepsout, recueillit l'enfant Moïse. Thoutmosis II eut un enfant d'une concubine et qui devait devenir Thoutmosis III. Il est très possible que Moïse et le futur Thoutmosis III se connaissaient très bien et que le fils de Thoutmosis II voyait d'un mauvais œil la présence de ce rival au trône.

Moïse fut élevé et « instruit dans toute la sagesse des Égyptiens » (Actes 7.22). À l'âge de quarante ans, Moïse « visita ses frères » et, à cette occasion, il tua un Égyptien qui maltraitait un Israélite. Il avait déjà une grande foi en Dieu (sa propre mère fut sa nourrice et dut lui enseigner la loi de Dieu), car « il pensait que ses frères comprendraient que Dieu leur accordait la délivrance par sa main » (Actes 7.25). Cependant, les Israélites ne comprirent point cela, et Moïse dut s'enfuir dans le pays de Madian. Hatchepsout mourut, puis, longtemps après la fuite de Moïse (40 ans après), le pharaon Thoutmosis III mourut aussi (Ex. 2.23). C'est alors qu'Aménophis II monta sur le trône.

Aménophis II continua à utiliser les Hébreux pour les constructions, car lui aussi était célèbre pour ses goûts grandioses. C'était un jeune pharaon, plein d'ambition. Son cœur avait été endurci par la domination d'Hatchepsout et par les succès de Moïse. Moïse s'était enfui et il revenait vers ce pharaon dans l'apogée de sa gloire pour lui demander de libérer les Israélites. Tout cela coïncide parfaitement avec l'endurcissement persistant de ce pharaon aux demandes de Moïse. Il apparaît aussi, comme nous l'avons dit, que Thoutmosis IV, son successeur, n'était pas son fils premier-né, conséquence de la dixième plaie qui s'abattit sur l'Égypte.

LES TABLETTES DE TELL EL-AMARNA

Aménophis IV (l'époux de Néfertiti) accéda au trône d'Égypte en l'an 1380 av. J.-C. Il s'efforça aussitôt de réformer la religion égyptienne en exigeant l'adoration d'un dieu unique, le dieu Râ (dieu soleil). Il fait d'Akhetaton sa capitale (Tell el-Amarna), et changea son propre nom qui devint Akhnaton. Ce pharaon était surtout préoccupé de politique intérieure, et il négligeait les conquêtes passées qui avaient été faites en Syrie et en Palestine. Ces contrées étaient alors menacées par les puissants Hittites.

Les tablettes de Tell el-Armana furent découvertes en 1887. Elles sont écrites en cunéiforme et sont de langue babylonienne (le babylonien était devenu la longue diplomatique, et cela montre l'influence grandissante de Babylone à cette époque).

Ces tablettes représentent la correspondance entre les princes et les chefs palestiniens, syriens (et autres) avec Aménophis IV (Akhnaton) et aussi avec son père Aménophis III. Ces lettres sont d'un grand intérêt puisqu'elles nous renseignent sur les conditions de vie en Palestine à l'époque de la conquête de Canaan par les Hébreux (environ 1400 ans av. J.-C.). Dans ces lettres, les vassaux cananéens d'Aménophis IV implorent l'aide du pharaon d'Égypte contre des envahisseurs qu'ils appellent Habirus. Cette aide ne fut pas accordée. Il est raisonnable de penser que ces Habirus sont bien les Hébreux qui conquirent le pays de Canaan.

LES PLAIES D'ÉGYPTE

La Bible nous dit expressément que c'est dans la ville de Tsoan (Tanis) que Moïse rencontra le pharaon pour lui intimer de libérer les Hébreux (voir Ps. 78.12, 43). La Septante, traduction en grec de la Bible hébraïque, rapporte que Tsoan était connue sous le nom de Tanis par les Grecs. C'était une ville d'Égypte importante, et ce sont les pharaons de la 19e dynastie qui s'attachèrent à en faire la plus belle ville d'Égypte. Certains égyptologues (Brugsch) pensent que Tsoan devint la ville du pharaon seulement à partir de Ramsès II, qui améliora les fortifications. Cependant, ce n'est pas là l'avis de tous les savants (Naville).

Aujourd'hui encore on peut voir les ruines de Tsoan. Ces ruines attestent de la splendeur de la ville égyptienne. Tsoan était encore la demeure des pharaons au temps d'Ésaïe (Ésa. 19.11). Ézéchiel prophétise sa destruction (Ézé. 30.4). En effet, la ville n'est aujourd'hui qu'un tas de ruines. Ses innombrables petites maisons ne sont plus qu'un immense monceau de décombres qui s'étend sur un très grand espace de terrain.

Comme nous l'avons déjà constaté, le pharaon d'Égypte était considéré comme un dieu. Un chant adressé au pharaon Méneptah se trouve dans le papyrus Anastasi :

> « Au roi santé, vie, force ! Ceci est pour informer le roi dans la salle royale de celui qui aime la vérité, le grand ciel où est le soleil. Prête-moi ton attention, ô soleil qui te lèves pour illuminer la terre avec ta bonté ; l'orbe solaire des hommes, chassant les ténèbres de l'Égypte. Tu es comme l'image de ton père le soleil, qui se lève dans les cieux. Tes rayons pénètrent jusqu'au fond des cavernes. Il n'y a point de lieu où ne se fasse sentir ta bonté. Tes paroles sont la loi de toute la terre. Quand tu reposes dans ton palais, tu entends la voix de toute la terre. Tu as des millions d'oreilles. Ton œil est plus brillant que les étoiles du firmament, il peut fixer le disque du soleil. Si la bouche dit un mot dans une caverne, il monte jusqu'à tes oreilles. Tout ce qui est fait en secret, ton œil le voit, ô Baenra Meriamen, Seigneur, miséricordieux, qui donne la respiration. » (Papyrus Anastasi ; trad. M. Chabs « Mélanges égyptologiques, 1870, p. 117)

Après un tel éloge, on comprend la réaction du pharaon en Ex. 5.1, 2 : « Qui est l'Éternel, pour que j'obéisse à sa voix… ? »

Autrefois, les incrédules niaient quelques-unes des plaies en les prétendant incroyables ou impossibles. Aujourd'hui, les rationalistes admettent les plaies, mais les réduisent à des phénomènes naturels. Ils pensent que les textes qui nous rapportent les plaies ont un fond véridique, mais qu'ils sont caractérisés par des « exagérations poétiques ». Ce qu'ils ne peuvent pas expliquer rationnellement est mis au rang d'« exagérations poétiques », c'est tout. Ce changement dans la façon de voir des sceptiques est dû aux découvertes archéologiques et historiques qui ont été faites récemment sur l'Égypte. On peut constater que nombre de fléaux décrits dans l'Exode étaient familiers aux Égyptiens. Ces fléaux pour sûr sont miraculeux, mais ils sont souvent des phénomènes naturels en eux-mêmes, amplifiés pour la circonstance et provoqués par Dieu au moment voulu :

> « Il n'en subsiste pas moins d'ailleurs une différence essentielle entre les plaies dont nous parle l'Exode et celles dont l'Égypte a souffert en d'autres temps. Ce qui distingue les premières des secondes, en leur donnant un caractère miraculeux, évident et incontestable, c'est qu'elles arrivent à point nommé, comme sanction de la Parole de Dieu, dans des circonstances annoncées à l'avance, précises, et avec une intensité qui révèle manifestement une intervention surnaturelle : elles se produisaient par l'ordre de Moïse, au moment qu'il a prédit, de la manière qu'il a déclaré ; elles cessent quand il l'ordonne et, plusieurs fois, au moment qui lui a été fixé par le pharaon... les Égyptiens n'en contestent jamais le caractère extraordinaire ; ils en sont, au contraire, consternés et ils acceptent ces signes comme une preuve de la mission divine de Moïse. »[14]

« Sans doute, si on considère – les prodiges opérés par Moïse – uniquement en eux-mêmes, et chacun pris séparément, en faisant abstraction de ces circonstances, telle que la manière dont ils furent opérés et la fin à laquelle ils rapportaient, ils pourront ne paraître que des effets purement naturels ; mais si, au contraire, on a égard à ces circonstances, comme on le doit dans l'examen de tout fait historique, il en sera bien autrement. » (M. l'abbé Glaire « Livres saints vengé », 1re éd., tome I, p. 345)

« En effet, à qui paraîtra-t-il naturel que des fléaux si nombreux et si terribles qui n'ont aucun rapport entre eux, fondent à la fois sur un pays, et cela dans l'espace de cinq ou six semaines, et que les seuls Israélites, réunis dans la petite terre de Gosen, en soient exempts ? Comment, par des moyens naturels, Moïse aurait-il pu prévoir, prédire, produire tous ces fléaux – en élevant ou en abaissant sa verge – les prolonger à son gré, puis les faire cesser d'un seul mot ? Ces miracles avaient une fin vraiment digne de

---

[14] F. Vigouroux « La Bible et les Découvertes Modernes » éd. Berche et Tralin – Paris Tome II,, p. 262.

Dieu ; ils étaient nécessaires pour que Moïse, obtenant de Pharaon la liberté des Hébreux, les formât en corps de nation, leur donnât des lois justes et leur enseignât le culte du vrai Dieu ; c'est cette délivrance des Israélites, c'est leur sortie d'Égypte qui fraya au genre humain la route du Christianisme ; et le dessein de Dieu de racheter le genre humain, dessein annoncé dès la chute de nos premiers parents, dont on doit voir la confirmation et même un commencement d'exécution dans l'événement qui constitua les Hébreux en corps de peuple, fut enfin accompli par la venue du Messie. »[15]

Dieu a choisi d'utiliser les fléaux connus et redoutés des Égyptiens. Ces fléaux correspondent aux conditions réelles dans la vallée du Nil et constituent une preuve de la véracité historique du récit.

Ces plaies sont caractérisées par un côté surnaturel. Il est aisé d'interpréter les eaux changées en sang comme un phénomène naturel, mais lorsqu'on va dans le détail du récit, une interprétation purement naturelle ne concorde pas avec le récit. Par exemple, ce n'est pas dans le Delta du Nil qu'on observe le phénomène des eaux qui se teintent en début de crue. Cette teinture rouge provient des lacs abyssins et de l'un des affluents du Nil qui rejoint le Nil au-dessus de Sennar, à Fozojla. Ce n'est pas dans le Delta, où se trouvait Tsoan, qu'on peut observer ce phénomène, mais dans le haut cours du Nil. Cette teinte du Nil se produit généralement au moment de l'inondation du Nil, vers le 15 juillet. Or, cette plaie, d'après la chronologie approximative que nous donne la Bible, aurait eu lieu en février.

Un chercheur du siècle dernier visita cette région, et voici ce qu'il écrivit à propos de cette teinture du Nil couleur rouge : « Il n'y a point-là de mélange nuisible, comme au temps du Nil vert : l'eau n'est jamais plus saine, plus délicieuse, plus rafraîchissante que pendant l'inondation. »[16]

---

[15] Janssens, « Introduction à l'Ecriture Sainte » N° 12.
[16] Osburn, « The Monumental History of Egypt », – London, 1855, tome I – p. 10-12, trad. M. Maspero, Histoire « Ancienne des peoples de l'Orient » p. 3-4.

La Bible décrit l'eau changée en sang comme ayant des effets malfaisants, alors que le phénomène naturel, auquel il est parfois fait allusion pour expliquer ce miracle, n'a que des qualités bienfaisantes. Selon la Bible cette eau était si mauvaise que tous les poissons périrent.

À propos de la première plaie, nous pouvons constater que l'auteur du livre de l'Exode, Moïse, avait une connaissance très exacte du pays. Cela se voit notamment en Exode 7.19. Les mots, que l'on trouve dans ce verset et qui décrivent le fleuve, ont un sens très précis et qui correspond à la réalité des lieux.

- *naharot* : ce mot désigne le bras du fleuve.
- *ye amim'* : ce mot désigne les canaux (c'est le mot égyptien)
- *agammim* : ce mot désigne la région des étangs
- *kol miquêh maim* : ce mot désigne tous les autres amas d'eau laissés par le Nil : mares, bourbiers, etc. Voir l'étude du Dr H. Kurtz qui met en relief les différences qui existent entre le phénomène naturel du Nil Rouge et la 1re plaie d'Égypte.[17]

Si la première plaie d'Égypte n'avait été que le phénomène naturel du Nil Rouge, elle n'aurait jamais suscité le moindre étonnement, car c'était un phénomène auquel on s'attendait comme au retour du débordement du Nil.

Dans la plaie des grenouilles, le mot « grenouille » a aussi le sens de crapaud en hébreu. Les grenouilles sont très abondantes en Égypte, surtout au moment des crues. Les Égyptiens adoraient la déesse Hek, qui devait normalement les délivrer de ces animaux malfaisants qu'étaient les grenouilles.

Dans la Bible d'Allioli (tome I, p. 289), nous trouvons une bonne remarque sur le caractère surnaturel de ce phénomène :

> « Lorsque le Nil a pris son accroissement, et surtout après que ses eaux se sont retirées, les grenouilles naissent en grand nombre

---

[17] H. Kurtz « Geschichte des Alten Bundez » tome II – p. 101, 102.

dans les étangs et les endroits marécageux que, peu à peu, elles abandonnent. Mais la plaie des grenouilles, dont Moïse frappa l'Égypte, arriva au mois de mars (ou de février) avant même que les eaux du fleuve commencent à s'enfler, et elle eut cela d'extraordinaire et de miraculeux, que ces animaux parurent subitement, en quantité prodigieuse, et contre leur instinct naturel, elles se répandirent par terre, pénétrèrent dans les appartements et, enfin qu'elles périrent comme elles avaient paru, d'une manière subite et dans le même temps que Pharaon avait fixé. »

Les *kinnim* envahirent ensuite l'Égypte et sont une sorte de moustique. Ces moustiques apparaissent surtout vers la fin de l'inondation. Ce fléau est décrit comme un miracle, car il se produisit au moment même où Aaron frappa la poussière de son bâton. Les magiciens ne purent d'ailleurs contrefaire ce miracle.

Le mot *arôb*, qui est traduit « mouche » dans la plaie suivante, est un mot vague. On peut englober dans ce mot toutes sortes de mouches, sans distinction de l'espèce. Des mouches envahissent l'Égypte après la retraite des eaux du Nil, vers septembre ou octobre. Or ce fléau eut lieu au commencement de mars. Ce fléau fut si terrible que Pharaon commença à proposer de concessions à Moïse. Cette plaie apparaît miraculeuse du fait de la distinction qui est faite entre les Hébreux et les Égyptiens (Ex. 8.19).

Ces épidémies faisaient parfois des ravages parmi les troupeaux, mais notez ici la distinction entre les troupeaux des Hébreux et des Égyptiens (Ex. 9.6). Les ulcères, la grêle, les sauterelles n'étaient pas non plus inconnus des Égyptiens, mais ils présentent aussi des caractères surnaturels dans le récit biblique.

LA CONQUÊTE DE CANAAN

Le pays de Canaan était habité par les Cananéens (Jos. 11.3). Les Cananéens étaient disséminés à travers tout le pays (Juges 1.9, 10). Le mot « Palestine » est une désignation géographique plus tardive dérivée du mot « Philistin » (Peleste) – nom d'un peuple qui s'établit le long de la côte méditerranéenne au 12e siècle av. J.-C. La Palestine était le pont entre deux grandes civilisations : celle de l'Égypte et celle de la Mésopotamie.

Lorsque les Israélites héritèrent du pays de Canaan, Dieu leur commanda de préserver la pureté de la religion de l'Éternel (Ex. 19.5-7). Si Israël n'obéissait pas à cette injonction, lui aussi serait jeté hors du pays, comme l'avait été Canaan (voir Gen. 15.16 ; Jos. 6.17, 21, Jug. 2.1-3 ; etc.). On trouve le récit de la conquête de Canaan en Jos. 1–12. Les territoires furent ensuite accordés aux différentes tribus (Jos. 13–22).

Pour une évaluation de la date de la conquête de Canaan, voyez le chapitre précédent sur la date de l'exode. Si l'on accepte l'historicité des documents bibliques, la date de l'exode peut être fixée aux environs de 1441 av. J.-C. et la date de la conquête de Canaan aux environs de 1401 av. J.-C. (début de la conquête) – (voir Juges 11.26 & 1 Rois 6.1).

Une courte étude de la civilisation cananéenne à l'époque de la conquête illustrera amplement les assertions bibliques comme quoi Dieu châtiait ces peuples pour leur corruption morale et religieuse. Certains critiques estiment que les récits bibliques de la conquête de Canaan et l'intervention divine à cet égard sont contraires à la révélation que nous trouvons dans la personne du Christ. Certains ont même été jusqu'à dire que ces récits de l'Ancien Testament « déshonorent Dieu » (Rowley : « Relevance of the Bible » p. 32sv).

Toutefois, l'archéologie illustre amplement le fait que les Cananéens étaient un peuple totalement corrompu, ainsi que la Bible l'affirme. En tout cas, on peut établir que la Bible nous donne une image juste de ce qui se passait à cette époque.

Autrefois les exemples archéologiques et historiques sur la civilisation cananéenne étaient très minimes. Les seules sources d'information étaient la Bible et certains auteurs du monde gréco-romain. Philon de Byblos, érudit d'origine phénicienne (100 av. J.-C.), écrivit une histoire phénicienne (*Phoinikika*). Eusèbe ainsi que d'autres auteurs considéraient que Philon avait traduit les œuvres très anciennes d'un certain Sanckuniathon qui aurait vécu 700 av. J.-C. Pendant longtemps le témoignage de Philon et les allusions qu'y fit Eusèbe furent considérés par la plupart des érudits comme de la pure invention. Cependant, on a maintenant la preuve de l'authenticité du contenu de ces anciens écrits. Cette preuve se trouve dans les textes trouvés à Ras Shamra, sur la côte syrienne (1929-1937 ; C.F.A. Scheffer). Les mythes et les divinités que décrit Philon étaient liés à une très grande décadence morale. On retrouve cela dans les textes de Ras Shamra qui décrivent aussi la religion et les mœurs des Cananéens. La mythologie cananéenne demeura la même entre 1400 et 700 ans av. J.-C. De nombreux écrits furent trouvés à Ougarit près de deux temples dédiés, l'un à Baal, l'autre à Dagon (15ᵉ et 14ᵉ siècle av. J.-C.).

On sait maintenant que parmi toutes les divinités cananéennes El était la plus importante. Le nom de ce dieu vient d'un mot qui veut dire «fort, puissant». C'est pour cette raison que ce nom est parfois employé dans la Bible pour décrire la puissance de Dieu.

Le dieu cananéen El était un dieu dévoué à encourager le vice et la corruption. Selon Philon, El avait trois femmes qui étaient aussi ses sœurs. Philon décrit ce dieu comme un tyran sanguinaire, qui terrifiait les autres dieux, qui détrôna son propre père, Uranus, et assassina son fils et sa fille. Les poèmes d'Ougarit témoignent de sa corruption dans le domaine sexuel.[18] Malgré tout, les Cananéens pensaient que El était le plus grand dieu, et ils l'appelaient «le père des années» (*abu shanima*) et «le père de l'homme» (*abu adami*). El était aussi le dieu qui avait engendré tous les autres dieux. Comme Zeus, il était le dieu des hommes et des dieux.

Baal était le fils de El. Il dominait sur tous les autres dieux et il était parfois appelé le «dieu des cieux» (*Baal Shamem*). Il provoquait la pluie et l'orage. Les textes de Ras Shamra le représentent tenant un éclair à la main. Il donne la pluie à l'homme et permet la fertilité et la reproduction. Ougarit mentionne Anat, sœur et femme de Baal. Plus tard, au 9ᵉ siècle, la femme de Baal fut appelée Astarté (1 Rois 18.19). Le mot «Baal» avait le sens premier de «Seigneur ; maître». Son nom fut aussi employé pour désigner d'autres dieux antiques.

---

[18] Albright : «Archeology and the Religion of Israël» p. 73.

Anat, épouse et sœur de Baal, était l'une des trois plus grandes déesses cananéennes. Les deux autres sont Astarté et Ashéra. Elles étaient les déesses du sexe et de la guerre. Pour les Cananéens, Anat était la plus grande des « prostituées sacrées », mais ils l'appelaient parfois « la vierge » et même « la Sainte » (*Qudshu*) ! On rendait un culte à la prostitution à travers cette déesse et ses représentantes sur terre (des prêtresses) qui, elles aussi, étaient des prostituées. On trouve cela aussi bien chez les Cananéens que chez les Syriens, les Phéniciens et plus tard, les Grecs. Ce genre de prostitution existait aussi chez les hommes qui rendaient ainsi hommage à Anat. La Bible les appelle « sodomites » (1 Rois 14.24 ; 15.12 ; 22.47 ; cf. Deut. 23.18 ; Os. 4.14). Anat exultait à se vautrer dans le sang des hommes vaincus à la guerre (Gordon : « Ugaritic Literature » II : 11.2-40 p. 17f).

Acherath (ou Ashéra) est une autre déesse que la Bible mentionne et qui apparaît aux côtés de Baal. Cette déesse était vraisemblablement représentée par une statuette en bois (1 Rois 15.13 ; 2 Rois 21.7). Elle avait même des prophètes (1 Rois 18.19).

La religion cananéenne était un polythéisme d'un genre très corrompu et perverti. Il était inévitable que ces peuples ressemblassent aux dieux qu'ils adoraient. Cette corruption était telle que Dieu choisit de l'éliminer. C'est ainsi que le pays « vomit » ses habitants (Lév. 18.25). Les Israélites étaient divinement avertis de ne pas eux-mêmes se pervertir au point d'être « vomis » par le pays (Lév. 20.22).

D'un point de vue théologique, il n'y a aucune base solide pour mettre en doute le caractère de Dieu tel qu'il est présenté dans les Écritures, du fait du châtiment qui retomba sur les Cananéens à cause de leur corruption. De même on ne peut, avec justesse, condamner le comportement des Israélites dans leur obéissance à Dieu qui les désigna pour être l'instrument de ce châtiment. Étant l'instrument de la justice de Dieu, ils voyaient d'autant mieux les conséquences d'une telle dégradation morale et religieuse, et cela serait, pour eux, un avertissement de ne pas tomber aussi bas.

C'est une erreur de croire que Dieu dans sa Sainteté parfaite est moins opposé au péché dans le Nouveau Testament que dans l'Ancien. Cette notion vient de ce qu'on a minimisé l'importance de la notion de sainteté chez Dieu et la justice qui en résulte. La gravité du péché est d'autant plus évidente dans le Nouveau Testament, et cela dans la crucifixion de Jésus-Christ. Bien sûr, de nos jours, le sens de la crucifixion a aussi été tordu au profit de la philosophie actuelle.

La miséricorde divine apparaît d'une façon suprême dans le Nouveau Testament, et si cela n'était pas, la notion que Dieu est plus miséricordieux dans le Nouveau Testament que dans l'Ancien n'existerait pas. La miséricorde de Dieu est maintes et maintes fois affirmée et démontrée dans l'Ancien Testament. Plusieurs exemples nous montrent que Dieu châtiait les hommes quand ils avaient « comblé la mesure » de leur iniquité (Gen. 15.16 ; Gen. 6 ; Gen. 19).

> « Je suis vivant ! dit le Seigneur, l'Éternel, ce que je désire, ce n'est pas que le méchant meure, c'est qu'il change de conduite et qu'il vive. Revenez, revenez de votre mauvaise voie ; et pourquoi mourriez-vous, maison d'Israël ? » (Ézéchiel 33.11)

Dans le cas des Cananéens les Israélites devaient être conscients du fait qu'ils n'étaient pas des « justiciers », mais les instruments du seul juge, Dieu (Jos. 6.13, 14). Si Dieu avait permis que la religion cananéenne subsistât, aurait-il pu accomplir son projet de sauver l'humanité ? Son culte n'aurait-il pas été abandonné au profit des idoles ? Son nom n'aurait-il pas finalement été oublié ? Ne pouvant imposer Sa volonté, n'aurait-elle pas été finalement dédaignée ? Nous croyons que Dieu avait des raisons justes de châtier les Cananéens. C'est grâce à l'activité et l'intervention constante de Dieu que le monde a pu être préservé de la décadence absolue. La religion humaine n'aurait pas évolué, ainsi que les mœurs humaines. Au contraire, l'humanité aurait dégénéré. Tout progrès dans le domaine spirituel ou moral, on le doit uniquement à une révélation ou à une intervention divine.

ISRAËL ET LES ASSYRIENS

En 745 av. J.-C. Tiglath Piléser III devint roi d'Assyrie. C'était approximativement au moment de la mort de Jéroboam II, roi d'Israël (régna env. 783-743 av. J.-C.), et de l'assassinat de son fils, Zacharie, qui régna 6 mois en Samarie. Schallum remplaça Zacharie et régna pendant un mois ; puis, Menahem fit tuer Schallum et prit le pouvoir de la 39ᵉ année du règne d'Ozias, roi de Juda (2 Rois 15.8-15). C'est sous le règne de Menahem que Tiglath Piléser III (aussi connu sous le nom de « Pul ») vint en Israël, et Menahem lui versa un tribut et devint son vassal (2 Rois 15.19).

L'Assyrie avait perdu de sa puissance, et c'est Tiglath Piléser qui la lui redonna. À Babylone, qu'il avait aussi subjugué, Tiglath Piléser était appelé « Pul » (employé dans la Bible). Les annales assyriennes, écrites par Tiglath Piléser, décrivent la subjugation de Menahem et mentionnent le fait qu'il paya un tribut au roi d'Assyrie.[19] Ces mêmes annales mentionnent que Retsin, roi de Syrie, paya lui aussi un tribut au roi d'Assyrie (op. cit. p. 255). C'est ce Retsin, roi de Syrie, qui, quelques années plus tard, forma une coalition avec le roi d'Israël, Pékach, contre Juda (Ésa. 7 ; 2 Rois 15.37). Le prophète Ésaïe vint avertir Achaz, roi de Juda, qu'il n'y avait aucun danger que Juda soit détruite par cette coalition Retsin/Pékach (Ésa. 7). Malgré cette promesse du prophète, Achaz n'eut pas confiance en Dieu, et il forma une alliance avec l'Assyrie afin de se protéger de la coalition Pékach/Retsin. Les deux rois Pékach et Retsin assiégèrent Jérusalem, mais ne purent s'en emparer ; cependant, ils emmenèrent de nombreux prisonniers de Juda. Le prophète Obed obtint la libération de ces prisonniers. Achaz obtient l'intervention de Pul, et en 733-732, celui-ci s'empara de Damas et subjugua la Syrie. Probablement à la même époque, il envahit aussi une grande partie d'Israël et emmena des captifs (2 Rois 15.28-31 ; 16.7sv).

Le dernier roi d'Israël, Osée, qui succéda à Pékach, devint roi la 12ᵉ année de règne d'Achaz, roi de Juda (2 R. 17.1). Le tribut que paya Achaz à Pul (2 R. 16.7, 8) est aussi mentionné sur une inscription assyrienne de l'époque (M.F. Unger « Archeology and the Old Testament » p. 256). Pul se targue lui-même dans les annales assyriennes d'avoir pris de nombreux captifs dans ses nombreuses campagnes militaires (op.cit. p. 257). Un document assyrien qui a été perdu mais

---

[19] M.F. Unger, « Archeology and the Old Testament » p. 254.

qui fut traduit par H. Rawlinson raconte la mort de Retsin, roi de Syrie.

Tiglath Piléser, après sa conquête de la Syrie, envahit aussi Israël. Il plaça lui-même un roi sur le trône d'Israël, Osée (dernier roi d'Israël : 732-724 av. J.-C.). Les documents assyriens mentionnent qu'Osée paya aussi un tribut à Pul. (Voir Luckenbill « Ancient Records of Assyria and Babylonia » Vol. I sec. 801.)

Salmanasar V (2 R. 17., 4), roi d'Assyrie, monta contre Osée, qui se soumit à lui et lui versa un tribut. Plus tard, Osée fit appel au roi d'Égypte pour l'aider et, en conséquence, il fut jeté en prison par le roi assyrien. Le roi d'Assyrie envahit ensuite tout le pays et vint mettre le siège devant Samarie. La ville résista pendant trois ans. Elle fut finalement prise par le fils de Salmanasar, Sargon II, en 722 (721) av. J.-C. Les Israélites furent déportés à Halah sur le Habor et chez les Mèdes. Le roi d'Assyrie fit venir des gens de Babylone, de Cutha, Avva, Hamath et Sepharvaïm et les mit dans la ville de Samarie à la place des Israélites. Sargon II est mentionné en Ésaïe 20.1. Avant que l'archéologie révèle l'existence de ce roi, la Bible était seule à le mentionner, et, bien sûr, on parlait de « mythe ».

Ce fut en 1843 que le français Paul-Émile Botta découvrit le palais de Sargon. À présent, Sargon II est le roi assyrien sur lequel on possède le plus d'informations. Sargon mentionne lui-même, dans les annales assyriennes, qu'il prit Samarie et qu'il emmena des captifs (voir M.F. Unger « Archeology and the Old Testament » p. 260). L'Assyrie était arrivée, à cette époque, au sommet de sa puissance.

Juda et l'Assyrie. Sanchérib, fils de Sargon, accéda au trône (704-681 av. J.-C.). Ce roi est souvent mentionné dans la Bible du fait de ses rapports avec Juda. Ses propres récits, que l'on trouve dans les annales assyriennes, confirment les écrits bibliques. La capitale de l'Assyrie était Ninive, sur le Tigre (voir 2 Rois 19.36). Lorsque les Hébreux parlent de « Ninive, la grande ville », ils voulaient parler de Ninive même et des petites villes avoisinantes (Gen. 10.11, 12 ; Jon. 1.2 ; 3.2-4 ; 4.11). (Voir M.F. Unger « Archeology and the Old Testament »

p. 263.) Aujourd'hui, on peut visiter les ruines de ce que fut jadis la capitale assyrienne.

Ézéchias, 12ᵉ roi de Juda, qui succéda à Achab (2 R. 18.1-20 ; Ésa. 36–37 ; 2 Chr. 29–32), connut aussi la menace assyrienne. Ézéchias désirait briser l'alliance que son père Achaz avait faite avec l'Assyrie (2 R. 16.7-9). Il entreprit une réforme religieuse assez importante et qui fut marquée par la célébration de la Pâque (2 Chr. 29.1–30.27). Les efforts d'Ézéchias furent couronnés de succès (2 R. 18.2 ; 2 Chr. 32.5-30).

Au début du règne d'Ézéchias, Salmanasar et Sargon II assiégèrent Samarie (2 R. 18.9-11). Le prophète Ésaïe annonçait que l'Assyrie allait conquérir l'Égypte et qu'il était inutile pour Juda et son roi de chercher un appui chez les Égyptiens (Ésa. 20.2-6).

Sanchérib écrivit lui-même dans les annales assyriennes qu'il subjugua Merodac Baladan, roi de Babylone. (Unger « Archeology and the Old Testament »). C'est ce Merodac Baladan que mentionne Ésaïe et qui fit des hommages à Ézéchias, lequel en retour lui montra les trésors du temple (Ésa. 49.1-8).

Ézéchias se rebella contre Sanchérib et, en 701 av. J.-C., le roi assyrien se mit en route pour assiéger Jérusalem. Cette campagne de Sanchérib est mentionnée dans les annales personnelles de Sanchérib. Ces annales se trouvent au British Museum. Le récit assyrien et le récit biblique s'accordent en décrivant cet événement (2 R. 18.13 ; 19.37 ; 2 Chr. 32.1-12 ; Ésa. 36.1 ; 37.38). Tharthan, Rab Saris et Rabschaké ne sont pas des noms propres, mais des grades militaires (2 R. 18.17). Tharthan avait le grade le plus haut après le roi, dans l'armée.[20] Dans les annales assyriennes, Sanchérib dit de lui-même avoir reçu 30 talents d'or d'Ézéchias (2 Rois 18.14). Cependant, les annales assyriennes mentionnent aussi un tribut de 800 talents d'argent, alors que la Bible mentionne 300 talents d'argent. Peut-être s'agit-il d'un tribut différent dans les deux récits. Il est aussi possible que cette différence vient de ce que le récit biblique mentionne ce tribut en talents

---

[20] Millar Burrows, *What mean these Stones,* New Haven, 1941, pp. 43ff.

palestiniens, plus lourds, alors que les annales assyriennes parlent de talents babyloniens, plus légers.[21]

Les récits personnels de Sanchérib montrent (sans qu'il y ait pour cela d'explication) qu'il ne prit pas la ville de Jérusalem. Il mentionne le siège de Jérusalem et le tribut qu'Ézéchias devait finalement lui verser, mais il ne mentionne pas avoir pris la ville (une telle omission de la part de ce roi assyrien suffit à prouver qu'il ne réussit pas à prendre Jérusalem ainsi qu'il l'escomptait). Or, la Bible affirme que son armée fut disséminée par Dieu (2 R. 19.35 ; Ésa. 37.36). Sanchérib écrivit dans ses annales : « Je l'enfermai dans Jérusalem, sa capitale, comme un oiseau dans sa cage » (cité par W. Keller « La Bible arrachée aux sables », p. 228)… mais il ne dit pas avoir « capturé cet oiseau ».

La Bible relate la mort de Sanchérib tué par ses propres fils (Ésa. 37.38 ; 2 R. 19.37). Dans une inscription assyrienne Assarhaddon, successeur de Sanchérib, mentionne le meurtre de Sanchérib par ses fils (M.F. Unger, *Archeology and the Old Testament*, p. 270). D'ailleurs, un peu plus tard, le roi d'Assyrie, Assurbanipal, mentionne, lui aussi, le même meurtre de Sanchérib (op. cit. p. 270).

▶ **Babylone et la chute de Jérusalem**

Après la mort d'Assurbanipal en 633 av. J.-C. l'empire assyrien commença à décliner. En 612, Ninive tomba sous la coalition des Mèdes, des Babyloniens et des Scythes. Ce qui restait de l'armée assyrienne se réfugia à Charan. Le pharaon d'Égypte, Néco, vint au secours de l'armée assyrienne : « De son temps, pharaon Néco, roi d'Égypte, monta (contre/auprès de) le roi d'Assyrie, vers le fleuve de l'Euphrate » (2 Rois 23.29 ; en hébreu *al* traduit « contre » ; dans certaines traductions *al* peut aussi être traduit « près de » ou « auprès de »).

Josias, roi de Juda, n'aimait guère les Assyriens et voulut s'opposer à ce secours de l'Égypte. Il vint à Megiddo pour tenter d'arrêter le pharaon Néco. C'est là que Josias fut tué et que son armée

---

[21] Bernard Eberhard Schrader, selon G.L. Robinson, *The Bearing of Archeology on the Old Testament,* New York, 1941, p. 100.

fut vaincue. Néco fut lui-même vaincu à Carkemisch en 605 av. J.-C. lorsqu'il rencontra le roi de Babylone Nebucadnetsar. À la bataille de Carkemisch, l'empire d'Assyrie s'écroula définitivement et l'Égypte subit une importante défaite. La ville de Carkemisch fut détruite par Nebucadnetsar. On peut voir les ruines de Carkemisch aujourd'hui.

Josias mourut en 609 av. J.-C. Le pharaon mit Joachaz, fils de Josias sur le trône de Juda, et il régna trois mois (2 Rois 23.33). Il fut emmené captif en Égypte où il mourut (2 R. 23.34). Le pharaon Néco mit Éliakim (Jojakim) sur le trône de Juda. Jojakim paya un tribut au pharaon (2 Rois 23.35).

Lorsque Nebucadnetsar eut conquis tous ses adversaires, Jojakim se soumit à lui pendant trois ans (2 R. 24.1). Les rois de Juda devaient rester assujettis à Babylone jusqu'à la captivité. Jojakim se révolta contre le roi de Babylone, au bout de trois ans, mais sans succès (2 R. 24.2sv). Après la mort de Jojakim (598), Jojakin, son fils lui succéda. Il régna trois mois et fut déporté à Babylone où il fut prisonnier pendant 37 ans. C'est Évil Merodac qui le libéra (2 R. 25.27-30). Les annales babyloniennes mentionnent la captivité de Jojakin à Babylone (M.F. Unger « Archeology and the Old Testament » ; W.F. Albright : « King Jehoiachin in Exile », in the Biblical Archeologist, 1942 – p. 49f).

Pendant les 40 dernières années du royaume de Juda, Jérémie prêcha désespérément la repentance du peuple et annonça le jugement à venir et la captivité du peuple. Malgré ces avertissements le peuple continue de plus belle dans ses idolâtries.

Après avoir détrôné Jojakim et l'avoir emmené captif, Nebucadnetsar mit un nouveau roi sur le trône de Juda : Sédécias (2 Rois 24.17). Sédécias était donc un vassal de Nebucadnetsar. Il chercha aussi à se faire appuyer par l'Égypte. Jérémie l'avertit, sans succès, de l'inutilité de tels efforts (Jér. 37). Finalement, Sédécias se rebella contre Nebucadnetsar. Celui-ci s'avança avec son armée contre Jérusalem. Jérémie prophétisa de la fin imminente de Jérusalem (Jér. 37.17sv.). Nebucadnetsar assiégea Jérusalem et la ville fut prise en 587 (586) av.

J.-C. (cf. 2 R. 25.1 ; Jér. 32.24). Sédécias tenta de s'échapper, mais il fut capturé et emmené devant le roi (Jér. 39.5-7). Sédécias vit mourir ses deux fils et ses yeux furent crevés. Il fut emmené captif à Babylone où il fut emprisonné (2 R. 25.1-7 ; Jér. 52.11). Jérusalem fut détruite (2 Rois 24.17 – 25.10).

Des documents découverts à Lakis et datant de 589 av. J.-C. nomment des villes de Juda assiégées par Nebucadnetsar avant la prise de Jérusalem. Une de ces villes était Lakis (voir Jér. 34.7). Une des lettres de Lakis mentionne aussi la venue des Égyptiens au secours de Juda (Unger : « Archeology and the Old Testament » p. 285-286). Les lettres découvertes à Lakis illustrent d'une façon surprenante les prophéties de Jérémie.

LES MANUSCRITS DE LA MER MORTE

Les manuscrits de la mer Morte furent découverts en 1947 dans des grottes sur le site de Qumran se trouvant aujourd'hui aux abords de la mer Morte dans le parc national de Qumran géré par l'État d'Israël. Ces manuscrits constituent l'une des plus grandes découvertes archéologiques de tous les temps. Répartis dans une douzaine de grottes, les 970 manuscrits mis au jour ont été copiés entre le IIIe siècle avant J.-C. et le Ier siècle de notre ère. La majorité des documents est rédigée en hébreu, une autre partie est en araméen et le reste en grec. Le Grand Rouleau d'Ésaïe constitue la découverte majeure de cet ensemble de manuscrits. Il comporte dix-sept feuillets de cuir cousus ensemble et mesure 7,34 mètres de long. On y trouve l'intégralité des soixante-six chapitres du livre du prophète Ésaïe.

CONCLUSION

L'archéologie biblique nous rappelle que Dieu parle aux hommes dans la Bible à travers l'histoire. Les paroles de Dieu sont données à des êtres de chair et de sang et qui vivent dans un contexte particulier. Grâce à l'archéologie biblique, les récits de l'Ancien et Nouveau Testaments prennent une signification nouvelle et vivante. Le texte biblique nous éclaire sur le mode de vie, les habitudes, la topographie de certaines régions antiques du Proche Orient. Confronté aux découvertes archéologiques – tessons de poterie, vestiges de fondations de palais, anciens manuscrits – le texte biblique se dévoile dans toute sa véracité et toute sa force.

CHAPITRE 7
LA BIBLE ET L'ÉTHIQUE

*« Tu ne te vengeras point, et tu ne garderas point de rancune contre les enfants de ton peuple.
Tu aimeras ton prochain comme toi-même. Je suis l'Éternel. »*
Lévitique 19.18

« Tout ce que vous voulez que les hommes fassent pour vous, faites-le de même pour eux, car c'est la loi et les prophètes. »
Matthieu 7.12

L'Ancien Testament est le berceau de l'éthique chrétienne. La religion révélée et instaurée par Yahvé (« Je suis ») est une religion éthique plutôt que métaphysique. L'éthique se préoccupe du comportement humain, c'est « l'art de diriger sa conduite » (Dict. Robert). La métaphysique est une recherche rationnelle qui étudie l'esprit, les problèmes de la connaissance, de la vérité. Elle est axée sur la connaissance plutôt que sur la conduite. L'Ancien Testament est l'ancêtre du Nouveau Testament. Il est donc nécessaire de considérer certains aspects de l'éthique dans la religion juive de l'Ancien Testament.

L'ÉTHIQUE DE L'ANCIEN TESTAMENT ET LA RÉVÉLATION DIVINE

L'éthique que nous présente l'Ancien Testament se préoccupe d'harmoniser la conduite humaine avec la volonté divine révélée. Donc, dans ce sens, l'éthique que l'on trouve dans la Bible se veut plus profonde et plus juste que celle que nous présentent les hommes. L'éthique biblique n'est pas seulement l'*ethos* (une habitude, une coutume), ou *nomos* (à la base, une coutume généralement acceptée) ou *dikè* (un critère de conduite généralement accepté). L'éthique de l'A.T. n'est pas ce que la spéculation philosophique ou la convention sociale nous proposent; elle est d'abord ce que Dieu veut et impose aux hommes.

L'ÉTHIQUE DE L'ANCIEN TESTAMENT ET L'HISTOIRE

Dans l'Ancien Testament le peuple d'Israël ne devra pas oublier qu'il fut autrefois esclave en Égypte et qu'il fut délivré par Dieu dans des circonstances extraordinaires. Chaque fête de Pâque lui rappelle ce grand événement. Dieu demande que son peuple se souvienne de cet événement et qu'il soit motivé par cet événement jusque dans sa conduite (Deut. 7.18 ; 8.2 ; 15.5 ; 16.12 ; 24.18, 22). Il y a bien sûr un parallèle à cela dans le Nouveau Testament : le souvenir que Dieu nous a délivrés du péché, devrait nous motiver à la sainteté (Romains 6). L'Israélite devait être conscient que Dieu avait le droit d'exiger de lui une certaine conduite parce qu'Il avait fait pour lui de grandes choses.

L'ÉTHIQUE DE L'ANCIEN TESTAMENT ET LA NOTION D'ALLIANCE AVEC DIEU

L'alliance dans l'Ancien Testament est un accord entre deux partis, dont l'un est inférieur et l'autre est supérieur. L'initiative de l'alliance vient toujours de Dieu. L'alliance est un exemple de la grâce divine par laquelle Dieu est venu vers Israël pour lui dire qu'il serait son peuple et qu'Il serait leur Dieu (Deut. 7.6, 7 ; 9.4, 5). Une telle alliance comportait des promesses, mais aussi des obligations. En acceptant l'alliance, Israël acceptait les obligations.

Le symbole qui représente l'alliance entre Dieu et son peuple est celui d'un couple. Israël est « l'épouse de Dieu » (Ésa. 54.5 ; 61.10 ; 62.4, 5 ; Jér. 2.2 ; 3.14 ; Os. 2.21, 22). L'infidélité d'Israël est comparée à l'infidélité d'une femme envers son mari (Mal. 2.11 ; Lév. 17.7 ; 20.5, 6 ; Deut. 31.16 ; Os. 9.1).

C'est en raison de cette représentation de l'alliance de Dieu avec son peuple que la Bible parle d'un « Dieu jaloux » (Ex. 20.5 ; 34.14 ; Deut. 4.24). Dieu exige un amour non partagé, un amour total et complet. Bien sûr, on a un parallèle à cela avec la relation du chrétien et de son Sauveur (cf. Mat. 10.37-39). L'amour comporte des obligations. Parce que Dieu prit Israël pour épouse, cette épouse a des obligations. On retrouve un parallèle avec ce concept dans le Nouveau Testament (Éph. 5.22-33).

L'ÉTHIQUE DE L'ANCIEN TESTAMENT ET LA NOTION DE CHOIX DIVIN

Le choix divin doit provoquer un sens de responsabilité. Amos n'épargne pas le peuple ; au contraire il le condamne d'autant plus qu'il est un peuple choisi : « Je vous ai choisi, vous seuls, parmi toutes les familles de la terre. C'est pourquoi je vous châtierai pour toutes vos iniquités » (Amos 3.2).

Plus grands sont les privilèges, plus grandes les responsabilités (cf. Rom. 2.17-24). Le choix divin doit aussi provoquer l'obéissance : « Aujourd'hui, tu es devenu le peuple de l'Éternel ton Dieu. Tu obéiras à la voix de l'Éternel ton Dieu, et tu mettras en pratique ses commandements et ses lois que je te prescris aujourd'hui » (Deut. 27.9, 10).

Le peuple fut choisi non pour être exempté de l'obéissance, mais pour être sous l'obligation la plus solennelle d'obéir à Dieu : « Prenez à cœur toutes les paroles que je vous conjure aujourd'hui de recommander à vos enfants, afin qu'ils observent et mettent en pratique toutes les paroles de cette loi. Car, ce n'est pas une chose sans importance pour vous : c'est votre vie… » (Deut. 32.46, 47). Nous trouvons un parallèle avec ceci dans le Nouveau Testament : « En lui Dieu nous a élus avant la fondation du monde, pour que nous soyons saints et irrépréhensibles devant lui » (Éph. 1.4).

L'obéissance n'était pas une soumission à n'importe quel code humain, mais une soumission à la loi de Dieu. Selon cette loi Israël devait se distinguer, être différent des autres peuples. Ils ne devaient être ni comme les Égyptiens qu'ils quittaient ni comme les Cananéens qu'ils rencontreraient (Lév. 18.1-5 ; 20.23, 24). C'est cela qui nous amène à l'essence de la religion juive et chrétienne : « Vous serez saints pour moi, car je suis saint, moi l'Éternel. Je vous ai séparés des peuples, afin que vous soyez à moi » (Lév. 20.26 ; 19.2 ; 11.44, 45 ; 20.7, 26). C'est bien là le sens premier du mot « saint » : « différent » !

Le Sabbat est saint parce qu'il est différent des autres jours. La Bible est sainte parce qu'elle est différente des autres livres. Dieu est saint parce qu'Il est suprêmement différent de nous.

Cette notion nous aide à comprendre certaines questions qui sont parfois posées en rapport avec l'éthique dans l'Ancien Testament. L'Israélite devait par exemple manifester un certain exclusivisme. Cela est parfois critiqué par l'homme d'aujourd'hui. Il ne devait pas contracter d'alliance avec d'autres nations (Ex. 23.32 ; 34.12-15). Le mariage même était interdit avec certains peuples (Ex. 34.16 ; Deut. 7.3). Les idoles du pays conquis devaient être détruites. Si une ville était assiégée et qu'elle n'offrait aucune résistance, les habitants devaient être asservis. En cas de résistance, les habitants devaient tous être tués (Deut. 20.10-18, 7.1-5). La raison d'être de ce jugement divin était la volonté divine de préserver son peuple de toute corruption.

Une autre question centrale à l'éthique de l'Ancien Testament est celle du mélange qu'il semble y avoir entre les aspects moraux, cérémoniels ou rituels de la loi. Les distinctions sont couramment faites, mais pourtant une grande partie de la loi semble donner une même importance à des aspects de la loi qui semblent avoir plus ou moins d'importance. On en a un exemple en Lévitique 19.17-19 :

> « Tu ne haïras point ton frère dans ton cœur ; tu auras soin de reprendre ton prochain, mais tu ne te chargeras point d'un péché à cause de lui. Tu ne te vengeras point, et tu ne garderas point de rancune contre les enfants de ton peuple. Tu aimeras ton prochain comme toi-même. Je suis l'Éternel. Vous observerez mes lois. Tu n'accoupleras point des bestiaux de deux espèces différentes ; tu n'ensemenceras point ton champ de deux espèces de semences ; et tu ne porteras pas un vêtement tissé de deux espèces de fil. »

Pourquoi la loi fait-elle mention d'un sujet si important (l'amour du prochain) aux côtés d'un sujet apparemment si peu important : le vêtement. Beaucoup de personnes critiquent cet aspect du judaïsme – cette insistance sur les choses extérieures telles que la circoncision ou les lois relatives à la nourriture.

La Bible et l'éthique

Toutefois, une étude approfondie de la religion juive démontre que si le peuple n'avait pas eu une loi aussi stricte, s'étendant même à des aspects de la vie qui semblent sans importance, il n'aurait pu comprendre et réaliser ce que Dieu lui demandait, c'est-à-dire « être saint ».

Il fallait que le Juif soit différent, car les voies de Dieu sont différentes. Comment Dieu pouvait-il montrer aux autres peuples que son peuple était saint « car Il est saint » ? Il fallait le montrer par des choses qui frappent l'œil et les sens. Il fallait le faire avec des « rudiments du monde ». Aux chrétiens, Dieu a donné son Saint-Esprit, et les fruits qu'il produit dans le cœur de l'enfant de Dieu sont la lumière du monde et le sel de la terre :

> « Mais à présent que vous avez connu Dieu, où plutôt que vous avez été connus de Dieu, comment retournez-vous à ces faibles et pauvres rudiments auxquels, de nouveau, vous voulez vous asservir encore ? Vous observez les jours, les mois, les temps et les années ! Je crains d'avoir inutilement travaillé pour vous. » (Gal. 4.9-11)

L'Israélite se distinguait par ses jours de fête, par sa nourriture et son vêtement. Peut-être que ces distinctions paraissent inutiles à l'homme d'aujourd'hui, mais elles ne l'étaient pas à l'époque où elles furent instituées et pratiquées par le peuple de Dieu. Elles sont en elles-mêmes une vérité toujours vraie pour l'enfant de Dieu : il doit être différent du monde.

L'homme de Dieu était celui qui avait le courage, à la face du monde, d'être différent. Il en est encore ainsi aujourd'hui.

L'ÉTHIQUE ET LA PRATIQUE RELIGIEUSE

Tout ceci nous amène à un des aspects fondamentaux de l'éthique de l'Ancien Testament qui est la relation entre la religion et l'éthique. Les peuples de l'antiquité ne voyaient pas clairement la relation entre un acte religieux et un acte éthique. Contre la pratique « religieuse » de la prostitution, Dieu donna une loi :

> « Tu n'apporteras point dans la maison de l'Éternel, ton Dieu, le salaire d'une prostituée ni le prix d'un chien, pour l'accomplissement

d'un vœu quelconque ; car l'un et l'autre sont en abomination à l'Éternel, ton Dieu. » (Deut. 23.18)

Pour les païens, il n'y avait pas de rapport entre la chasteté (l'éthique) et le sacrifice (la religion). C'est le judaïsme qui montra ce rapport.

Paradoxalement, le judaïsme enseignait qu'on ne peut pas donner la même valeur à un acte cérémoniel ou rituel et à un principe éthique. Les rituels les plus élaborés dans les temples les plus magnifiques n'étaient que des « rudiments » (bien qu'institués par Dieu), mais ils ne constituaient pas l'essentiel de la volonté de Dieu.

Les prophètes de l'Ancien Testament n'ont cessé de répéter que les rites et les cérémonies ne sont pas l'élément primordial du culte à Dieu, de la religion de Yahvé, mais c'est de partager son pain avec le pauvre, de loger l'orphelin, de défendre la veuve et l'opprimé, de soulager le malheureux (voir Ésa. 1.12-17 ; 58.6-12 ; Jér. 7.8-10 ; Amos 5.21-24). Donc, la grande leçon du judaïsme, c'est qu'il ne peut y avoir de vraie religion sans éthique. Pour servir Dieu, il faut aussi servir son prochain. Pour aimer Dieu, il faut aussi aimer son prochain. Pour recevoir de Dieu, il faut aussi exercer la miséricorde. Les prophètes Michée et Osée expriment en quoi consiste le vrai culte à Dieu : Michée 6.6-8 ; Os. 6.6.

Le judaïsme fut la première religion à faire le lien entre le service à Dieu et le service à l'homme. Nous avons tous hérité du judaïsme dans ce sens. Qui accepterait de belles cérémonies dénuées de toute éthique du comportement ? Qui accepterait une religion faite de belles paroles dénuées d'actions charitables ?

L'ANCIEN TESTAMENT ET LA NOTION DE RÉCOMPENSE

La prospérité d'Israël dépendait en grande partie de sa relation avec Dieu (Deut. 28 ; Deut. 7.2-16 ; 11.13-17). Le Nouveau Testament a mis en lumière les notions spirituelles et éternelles de récompense (1 Pi. 1.3-5 ; Hébreux 11.6). L'Ancien Testament se limitait à porter l'accent sur les récompenses divines qui peuvent être accordées en ce monde (voyez Job 14.7-12 ; Ps. 6.6 ; 30.10 ; 88.6, 11-113 ; 115.17 ; Ecc. 9.10 ; Ésa. 38.18). Les récompenses spirituelles ou célestes sont les plus grandes et les plus précieuses. Ce sont celles auxquelles nous devons nous attendre de la part de Dieu.

La Bible parle aussi de la relation entre l'éthique et la récompense ici-bas ; entre ce que l'on sème et ce que l'on récolte même en cette vie. Dans un sens les prophètes étaient impliqués « politiquement ». Ils ne se contentaient pas de parler ; ils agissaient, revêtus de leur autorité divine. Le prophète était le meilleur allié du pauvre et parfois le pire ennemi du riche.

DIVERS ASPECTS DE L'ÉTHIQUE DANS L'ANCIEN TESTAMENT

L'éthique divine s'imposait à chaque homme et valait pour chaque action. Le peuple entier était un royaume de sacrificateurs (Ex. 19.6). L'éthique concernait le milieu familial (Ex. 20.12 ; 21.15 ; Deut. 21). Elle visait à protéger les individus défavorisés : le pauvre, l'orphelin, les veuves qui étaient chers aux yeux de Dieu (Deut. 10.18 ; 1.17 ; 16.19 ; Lév. 19.15). La loi protégeait aussi bien le Juif que l'étranger (Lév. 24.22). L'éthique de l'Ancien Testament visait l'honnêteté dans le commerce. Voyez Lév. 19.35, 36 ; Deut. 25.13-16 ; Prov. 16.11 ; Ézé. 45.10-12 ; Amos 8.4-6 ; Mic. 6.10, 11. Dieu n'est pas seulement le Dieu du sanctuaire, mais aussi du commerce.

L'éthique de l'Ancien Testament concernait toute la communauté d'Israël tout en soulignant la responsabilité individuelle de chaque individu dans toutes ses actions (Ex. 21.28-32 ; Deut. 22.8 ; Ézéchiel 18).

L'éthique de l'Ancien Testament se soucie de la justice. Voici quelques exemples :

- Un manteau pris en gage doit être rendu : Ex. 22.26, 27 ; Deut. 24.12, 13.

- Le salaire d'un homme doit être payé : Lév. 19.13 ; Deut. 24.14, 15 ; Mal. 3.5.

- Un animal doit être secouru lorsqu'il est en danger : Ex. 23.4, 5 ; Deut. 22.1-4.
- Lorsqu'on moissonne, on doit toujours laisser quelque chose pour le pauvre : Lév. 19.9, 10 ; 23.22 ; Deut. 24.20, 21.
- On ne doit pas se jouer d'un homme aveugle ou d'un homme sourd : Lév. 19.14.

L'ÉTHIQUE DE L'ANCIEN TESTAMENT ET L'ENSEIGNEMENT DE JÉSUS DE NAZARETH

L'éthique de l'Ancien Testament était adaptée aux hommes de ce temps. Elle était aussi une préparation à l'éthique de Jésus-Christ de portée plus universelle.

« [27]Vous avez appris qu'il a été dit : Tu ne commettras point d'adultère.

[28]Mais moi, je vous dis que quiconque regarde une femme pour la convoiter a déjà commis un adultère avec elle dans son cœur.

[29]Si ton œil droit est pour toi une occasion de chute, arrache-le et jette-le loin de toi ; car il est avantageux pour toi qu'un seul de tes membres périsse, et que ton corps entier ne soit pas jeté dans la géhenne.

[30]Et si ta main droite est pour toi une occasion de chute, coupe-la et jette-la loin de toi ; car il est avantageux pour toi qu'un seul de tes membres périsse, et que ton corps entier n'aille pas dans la géhenne.

[31]Il a été dit : Que celui qui répudie sa femme lui donne une lettre de divorce.

[32]Mais moi, je vous dis que celui qui répudie sa femme, sauf pour cause d'infidélité, l'expose à devenir adultère, et que celui qui épouse une femme répudiée commet un adultère.

³³Vous avez encore appris qu'il a été dit aux anciens : Tu ne te parjureras point, mais tu t'acquitteras envers le Seigneur de ce que tu as déclaré par serment.

³⁴Mais moi, je vous dis de ne jurer aucunement, ni par le ciel, parce que c'est le trône de Dieu ;

³⁵ni par la terre, parce que c'est son marchepied ; ni par Jérusalem, parce que c'est la ville du grand roi.

³⁶Ne jure pas non plus par ta tête, car tu ne peux rendre blanc ou noir un seul cheveu.

³⁷Que votre parole soit oui, oui, non, non ; ce qu'on y ajoute vient du malin.

³⁸Vous avez appris qu'il a été dit : œil pour œil, et dent pour dent.

³⁹Mais moi, je vous dis de ne pas résister au méchant. Si quelqu'un te frappe sur la joue droite, présente-lui aussi l'autre.

⁴⁰Si quelqu'un veut plaider contre toi, et prendre ta tunique, laisse-lui encore ton manteau.

⁴¹Si quelqu'un te force à faire un mille, fais-en deux avec lui.

⁴²Donne à celui qui te demande, et ne te détourne pas de celui qui veut emprunter de toi.

⁴³Vous avez appris qu'il a été dit : Tu aimeras ton prochain, et tu haïras ton ennemi.

⁴⁴Mais moi, je vous dis : Aimez vos ennemis, bénissez ceux qui vous maudissent, faites du bien à ceux qui vous haïssent, et priez pour ceux qui vous maltraitent et qui vous persécutent,

⁴⁵afin que vous soyez fils de votre Père qui est dans les cieux ; car il fait lever son soleil sur les méchants et sur les bons, et il fait pleuvoir sur les justes et sur les injustes.

⁴⁶Si vous aimez ceux qui vous aiment, quelle récompense méritez-vous ? Les publicains aussi n'agissent-ils pas de même ?

⁴⁷Et si vous saluez seulement vos frères, que faites-vous d'extraordinaire ? Les païens aussi n'agissent-ils pas de même ?

⁴⁸Soyez donc parfaits, comme votre Père céleste est parfait. »

(Matthieu 5.27-48, Bible Louis Segond)

CHAPITRE 8

CONCLUSION

> « J'en prends aujourd'hui à témoin contre vous le ciel et la terre : j'ai mis devant toi la vie et la mort, la bénédiction et la malédiction. Choisis la vie, afin que tu vives, toi et ta postérité, pour aimer l'Éternel, ton Dieu, pour obéir à sa voix, et pour t'attacher à lui : car de cela dépendent ta vie et la prolongation de tes jours, et c'est ainsi que tu pourras demeurer dans le pays que l'Éternel a juré de donner à tes pères, Abraham, Isaac et Jacob. »
> Deutéronome 30.19, 20

> « Les pharisiens, ayant appris qu'il avait réduit au silence les sadducéens, se rassemblèrent, et l'un d'eux, docteur de la loi, lui fit cette question, pour l'éprouver : Maître, quel est le plus grand commandement de la loi ? Jésus lui répondit : Tu aimeras le Seigneur, ton Dieu, de tout ton cœur, de toute ton âme, et de toute ta pensée. C'est le premier et le plus grand commandement. Et voici le second, qui lui est semblable : Tu aimeras ton prochain comme toi-même. De ces deux commandements dépendent toute la loi et les prophètes. »
> Matthieu 22.34-40

L'univers reste pour l'essentiel un gigantesque puzzle dont nous avons pu découvrir et placer un certain nombre de pièces. Gardons-nous de penser que nous avons percé tous les secrets de cet univers à la fois magnifique et terrifiant et que nous découvrons jour après jour, année après année, siècle après siècle.

Gardons-nous aussi de penser que la révélation divine concernant notre univers est là pour faire obstacle à notre curiosité, pour freiner l'entreprise scientifique, pour être un bouche-trou face à toutes nos interrogations. Tel n'est pas le but de la Bible, dont le sujet principal n'est pas la création ou même la révélation, mais l'auteur Tout-Puissant derrière cet incroyable puzzle que nous cherchons à comprendre et ses relations d'amour avec les êtres humains uniques et créés à son image et qui sont appelés à le connaître et l'aimer.

En Genèse 1.16 le texte biblique – la révélation de Dieu aux hommes – dit uniquement ce qui suit à propos des étoiles (et nous savons que leur nombre est incalculable) : « Il fit aussi les étoiles ». Pourtant une partie significative de ce premier livre de la Bible est consacrée à une seule personne : Joseph, fils de Jacob (Genèse chapitres 37 à 50). Cela signifie que cette histoire très humaine revêt une grande importance aux yeux de celui qui créa les milliards de constellations. Dans cette histoire nous voyons aussi que pour l'essentiel le récit biblique veut nous faire comprendre la nature des relations, des liens, qui unissent le Créateur et ses créatures et la nature des liens qui unissent les créatures entre elles.

Face à l'immensité de l'univers, comment pouvons-nous penser que nous avons une grande importance ? Nous aurions tort de comprendre cette importance de l'être humain comme une expression d'arrogance ou d'orgueil. L'histoire de Joseph est importante en Genèse, car elle est un maillon d'une histoire d'amour entre Dieu et son peuple, entre Dieu et les hommes ; histoire d'amour qui se révèle dès les premiers chapitres de la Genèse ; histoire d'amour dont Jésus dira : « En effet, Dieu a tant aimé le monde qu'il a donné son fils unique, afin que quiconque croit en lui ne périsse point, mais qu'il ait la vie éternelle » (Jean 3.16).

Le récit biblique est ancré dans l'histoire humaine et bien souvent joue un rôle de miroir relativement à notre propre histoire. Dès le livre de la Genèse, chaque être humain est unique et créé à l'image de Dieu. L'archéologie biblique ne cesse de nous dévoiler les cultures, le langage et le mode de vie des hommes et des femmes qui ont cherché Dieu ou l'ont rejeté, qui l'ont écouté ou se sont détournés de lui. L'espèce humaine partage le même environnement avec les espèces animales, mais est en outre dotée de la conscience, de la capacité à exercer un jugement d'ordre moral. L'espèce humaine est appelée à choisir le bien, à aimer le prochain.